11

新 知
文 库

XINZHI

Celebrities:
Vom schwierigen Glück,
berühmt zu sein

隐疾

名人与人格障碍

[德] 博尔温·班德洛 著　麦湛雄 译

生活·讀書·新知 三联书店

图书在版编目（CIP）数据

隐疾：名人与人格障碍／（德）班德洛著；麦湛雄译. —2 版. —北京：
生活·读书·新知三联书店，2017.1 （2018.6 重印）
（新知文库）
ISBN 978 – 7 – 108 – 05852 – 2

Ⅰ.①隐… Ⅱ.①班… ②麦… Ⅲ.①名人 – 人物研究 – 世界 ②人格障碍 – 研究
Ⅳ.① K811 ② R749.91

中国版本图书馆 CIP 数据核字（2016）第 290280 号

责任编辑 徐国强
装帧设计 陆智昌 鲁明静 康 健
责任校对 张 睿
责任印制 徐 方
出版发行 生活·讀書·新知 三联书店
 （北京市东城区美术馆东街 22 号 100010）
网 址 www.sdxjpc.com
图 字 01-2006-6964
经 销 新华书店
印 刷 三河市天润建兴印务有限公司
版 次 2008 年 5 月北京第 1 版
 2017 年 1 月北京第 2 版
 2018 年 6 月北京第 3 次印刷
开 本 635 毫米 × 965 毫米 1/16 印张 13.5
字 数 160 千字
印 数 19,001 – 23,000 册
定 价 28.00 元
（印装查询：01064002715；邮购查询：01084010542）

新知文库

出版说明

　　在今天三联书店的前身——生活书店、读书出版社和新知书店的出版史上，介绍新知识和新观念的图书曾占有很大比重。熟悉三联的读者也都会记得，20世纪80年代后期，我们曾以"新知文库"的名义，出版过一批译介西方现代人文社会科学知识的图书。今年是生活·读书·新知三联书店恢复独立建制20周年，我们再次推出"新知文库"，正是为了接续这一传统。

　　近半个世纪以来，无论在自然科学方面，还是在人文社会科学方面，知识都在以前所未有的速度更新。涉及自然环境、社会文化等领域的新发现、新探索和新成果层出不穷，并以同样前所未有的深度和广度影响人类的社会和生活。了解这种知识成果的内容，思考其与我们生活的关系，固然是明了社会变迁趋势的必需，但更为重要的，乃是通过知识演进的背景和过程，领悟和体会隐藏其中的理性精神和科学规律。

　　"新知文库"拟选编一些介绍人文社会科学和自然科学新知识及其如何被发现和传播的图书，陆续出版。希望读者能在愉悦的阅读中获取新知，开阔视野，启迪思维，激发好奇心和想象力。

生活·讀書·新知三联书店
2006年3月

目 录

妙笔 / 飞短流长 / 成功之动力 / 超我和多巴胺 / 革命 / 美味三明治 / 生机勃勃的玫瑰

献给琳达（Linda）、莱昂（Leon）、尤里（Juri）和加比（Gabi）

本书在介绍有关的精神病人时已做了改动，使读者无法认出所涉及的人。明星和其他公众人物的资料，取自这些人的传记或其他书刊，以及因特网公布的材料。不排除有这样的可能性，在这些原始资料中，有些情况被有意无意地歪曲或夸大。

序　言

　　许多人都希望像名人、明星那样生活——无限富有，住在阳光明媚的别墅里，奢侈豪华，用人前呼后拥，有机会结识世界上最美丽的女人或最具魅力的男子。然而大多数人却无法忍受名望带来的不利的一面：好像生活在金鱼缸中，不断被狗仔队跟踪、纠缠、拍照，担心毁灭性的批评攻击；尽管受千百万人的爱慕和尊敬，却也受到媒体的嘲弄，深感寂寞和孤独。在飞黄腾达之后，就会有跌入深渊的危险。

　　我们总把明星和激情、魅力、独特、神韵联系起来。但有关音乐界、电影界等演艺界名人的生活有许多报道，涉及他们的性丑闻、吸毒成瘾、挥霍浪费、古怪行为、使用暴力、意志消沉和自杀成风。他们给人留下这样的印象，好像反复无常的精神生活是成名的前提，而杰出的才能反而退居其次。

　　这么多富有的俊男美女，都有明显的精神问题，这难道是偶然的吗？他们的放荡不羁、酗酒吸毒和不幸的悲剧，难道就是他们的成功和令人艳羡的生活必然带来的负面后果吗？他们没有个人隐私可言，完全仰仗于媒体的态度。

　　或者就是这样，这些艺术家一方面追求成功，另一方面生活腐化、吸毒、厌世、恐惧，这两者出于同一原因。

我作为一个精神科医生，分析过一些著名艺术家的生平。依我看来，在超级明星的变态性格、追求成功的野心、感染大众的能力，以及其绝望、恐惧和自我毁灭之间，有着令人惊讶的关系。

那些人生活腐化、狂放不羁、纵情欢乐，和我们截然不同，那我们为什么还赞赏他们呢？

如果我们了解人格障碍的背景，那么，许多开始时无法解释的现象，就变得明白易懂了。深入观察人的大脑，是件有趣的事情。我们会看到一个神经系统，它把性、毒品和摇滚乐联系起来。如果研究一下大脑的"酬劳系统"，艺术创作的热情与精神障碍之间的关系是清楚易见的。

现在弄清了艺术和精神障碍之间的关系，这并不意味着我们贬低音乐家、作家和演员，把他们的作品贬低为病态灵魂的表达。与其说虽然受到精神问题的困扰，他们还是杰出的艺术家，不如说，正是因为这种困扰，他们才成为卓越的艺术家。

2005 年 12 月 1 日于德国哥廷根

隐　疾

第一章

被扰乱的灵魂

命丧切尔西饭店

传言鼎沸,说纽约著名的切尔西饭店(Chelsea Hotel)经常闹鬼——这都是些死去的名人的灵魂作祟,例如马克·吐温(Mark Twain)、弗拉迪米尔·纳博科夫(Vladimir Nabokov)、詹尼斯·乔普林(Jonis Joplin)、尤金·奥尼尔(Eugene O'Neill)、托马斯·沃尔夫(Thomas wolfe)、简·方达(Jane Fonda)、伦纳德·科恩(Leonard Cohen)和鲍勃·迪伦(Bob Dylan),因为这些人曾在那里下榻过;杰克·凯鲁亚克(Jack Kerouac)还撰写了他的垮掉的一代的经典作品《在路上》(On the Road);威廉·伯勒斯写过毒品小说《裸体午餐》(Naked Lunch);还有作家迪兰·托马斯(Dylan Thomas),在切尔西饭店酒精中毒身亡。阿瑟·米勒(Arthur Miller)在这里生了一个女儿。

在这家饭店所发生的另一个恐怖故事,是关于席德·维瑟斯(Sid Vicious)和他的女友南希·施庞根(Nancy Spungen)的。

席德是一个英国朋克摇滚乐队的男低音乐手,乐队名叫"性手枪"(这个名字简单明了地表达了色情和犯罪的结合)。关于这种音乐的伪装功能，人们可能会争论不休；这帮人至少是20世纪70年代最有影响的乐队之一。他们的音乐是虚无主义和嘈杂喧闹的。吉他的音没有调准，歌词带攻击性和侮辱性。音乐家的外表形象突出地表现了他们的信仰并不圣洁：他们的头发直竖，染得五光十色；身穿带纳粹标志"卍"的T恤，颈上围着狗的脖套，耳朵上戴着用别针穿起来的贝壳耳环。乐队成员的生活方式很奇特，他们住在污秽不堪的寓所中，讨厌花钱，除非是为了非法购买毒品或酒精饮料。

席德是个典型的"没希望的孩子"。他的艺名"维瑟斯"是"下流"的意思。这个名字，如果不是一个刻薄的守财奴取的，就是那个采访记者尼克叫的。席德不喜欢尼克的裤子，用自行车链打过他。乐队队长约翰尼（Johnny）的姓是罗滕（Rotten），意思是"坏死"，这可能和他的牙齿状况有关。

"性手枪"和"顽童"或"辣妹"一样，是一支乐队，由能干的经理马尔科姆·麦克拉伦（Malcolm Mclaren）招募起来，其纲领主要是玩世不恭和鄙视仇恨一切。其歌手或音乐人的动作粗野、行为不端和胡作非为早已司空见惯。这些无政府主义先驱者所举办的音乐会，通常以群众性的斗殴结束。在一个电视节目中，他们对一个主持人百般侮辱，拳打脚踢。这次行动虽然使他们被罚停演十六场，但大大提高了他们的知名度。他们在公众中的表现令人发指，竟然往候机大厅的地面上呕吐，在录音室内向窗外小便。三家签约唱片公司在四个月内支付了50万欧元，结束了和他们的合同。

罗滕曾在一家名叫"性爱"的时装店内偷过东西并被当场抓住，这家店的老板是乐队经理马尔科姆和他的女友时装设计师莫德马彻林·维维恩·韦斯特伍德（Modemacherin Vivienne Westwood）。罗滕的恶劣表现使他具备了在乐队工作的资格，所以乐队毅然聘用了他。

　　　　　　　　　　　　　　　　隐　疾

席德在第一次见面时给麦克拉伦留下了可怕的印象，这位经理马上决定聘用他代替队里低音部的一个乐师，这家伙刚被炒了鱿鱼，因为他把自己装扮成披头士乐迷。只有一个小问题：席德演奏不了低音部，他原来是玩打击乐器的。队友教他演奏低音部的企图失败了。在工作室录音时，通常由吉他手史蒂夫（Steve）调试低音。在演出时，不大懂行的他把扩音器调到零。

但这个细节没有使这支混乱乐队杂乱的音乐中止，却加强了这批无政府主义的音乐家对音质的宣战。"只要奏出和弦，就这么演，这就是音乐。"席德沾沾自喜地说。

席德是个单亲孩子，母亲吸海洛因成瘾。他在年轻时就崇尚暴力和无政府主义，到处为非作歹。他曾把许多猫弄死并大卸八块。在一个摇滚音乐会上，他把一个玻璃瓶扔向观众，使一个女孩失去一只眼睛，因而被捕入狱，但后来又被宣告无罪释放。

这个到处寻衅逞凶的朋克摇滚乐手生性孤独。他憎恨自己并因此自残过。他常常焦虑不安，害怕公众和性生活。他对母亲说："妈妈，我不知道人家的性生活有什么乐趣，我一点儿也不感兴趣。"

"我只爱喝啤酒，照镜子。"落落寡合的席德曾这样抱怨过。后来他追求美国女子南希·斯庞根，就像"泰坦尼克号驶向冰山"。被人称为"万人厌"的南希，从小就有情感性精神障碍。她在4岁时第一次见到了精神病人。在7岁时她就拿一个榔头向母亲砸去，因为母亲不带她去参观博物馆。15岁时她就吸上了海洛因。她还时常在她的前臂上按灭烟头，曾多次企图自杀。

她不久前还在伦敦当妓女，然后就遇上了席德。很快两人便如漆似胶，过从甚密。席德和她在一起就得意忘形，和她一日不见便变得魂不守舍。但好景不长，南希很快又和其他的乐队成员情投意合，她的存在引起音乐人之间的明争暗斗。乐队队长约翰尼勒令席德和南希分手。在分开后席德不思饮食，酗酒无度，千方百计弄到一切毒品。

席德和南希的关系开始恶化，他们水火不容，互相攻击。一次吵架时，席德几乎拧下南希的一只耳朵；另一次把她悬在17楼的窗外，幸好没有松手让她掉下去。

1978年，灾难终于发生。一次在美国巡回演出时，约翰尼对他的乐队忍无可忍，在和男低音闹翻后，飞回了英国。南希和席德在切尔西饭店约会。席德又凶相毕露，将一把吉他摔在南希的脸上。

1978年10月11日，饭店总服务台打电话报警：100号房间出事了。席德走出这个房间，穿过饭店的过道，边走边哭，浑身哆嗦。"我把她刺死了，"他大声吼叫，"没有她我活不下去。"然后他又喊叫："是她自己摔在刀上的。"他显然受到安眠药和止痛药的影响，还在迷离恍惚中。

警察找到了南希，她身上只有一个黑色胸罩和一条袖珍三角裤。蜡黄的尸身躺在浴室的地板上，作案现场惨不忍睹，一把刀插在她肚子上。这把刀是她送给席德的，为的是使他收藏的武器锦上添花。

席德对他的行为供认不讳。他被控谋杀，后来又交出5万美元取保候审。他几次给南希的母亲打电话，连句他很难过的话都没有说，好像什么事都没发生过一样。

十天后，席德采取自杀行动，他服了过量的美沙酮，用刀割伤他的前臂。他大喊大叫："我要和南希在一起！我要安静！"然而他活了下来。

不久后，他在一家俱乐部用剪刀刺伤了女歌唱家布鲁德（Bruder）的哥哥的脸，还冲着他的生殖器踢了一脚。由于违犯了缓刑期的规定，他被转到一所监狱的戒毒部门。后来他被释放，但很快又重新犯案。

1979 年，席德的母亲安妮（Anne）给他搞了点海洛因，因为她害怕他去曼哈顿街上买会被人抓到，这样的话，他的缓刑期就结束了。他注射海洛因时才 21 岁，母亲就在他身边。她后来说："我向上帝发誓，他全身发出玫瑰色的光芒。第二天早晨，我给他递一杯茶，他躺在那里非常安静。我摇动他的身体，发觉他身体冰冷，他已死去很久。"永远没有人知道他的死是自杀还是意外。

几天后，母亲安妮爬过一个墓地的围墙，把席德的骨灰撒在南希坟墓的雪地上。约翰尼队长声称，她在希思罗机场曾把骨灰坛弄翻，于是死者的骨灰，被旅游者带到世界各地。

1996 年 9 月，安妮仿效她的儿子，自愿结束了自己的生命。

据说，在席德·维瑟斯死后，他的病被一个精神病医生诊断为"人格障碍"。结合他的病状和行为方式，医生得出了这个结论。

在研究著名音乐家和其他艺术家的生平时，引人注目的是，他们当中有那么多的人受到过或正在受着这种人格障碍的折磨。名人的生活故事，往往由性生活、毒品和摇滚乐混合组成。这一切怎样结合在一起，对此有一个振聋发聩的解释。

几种精神障碍

——贾斯敏（Jasmin）每月多次用刮胡刀片切割前臂，使他血淋淋的胳膊看起来就像在火炉上的烧烤物。

——霍尔格（Holger）之所以还活着，只是为了搞到酒精饮料、可卡因和安定药片。

——里卡多（Ricardo）偷他祖母的钱去买海洛因。

——萨拉（Sarah）经常用脑袋撞墙，因为她痛恨自己。

——曼迪（Mandy）企图用安眠药和酒精饮料自杀。

——亚历山德拉（Alexandra）试图通过挨饿把她的体重降到30公斤以下。

——埃伦弗里德（Ehrenfried）因为自己的孩子们干扰他睡午觉，用小口径步枪射杀他们。

——雷纳（Rainer）用斧头威胁一个法官，因为他认为这个法官对自己的离婚负有责任。

所有这些人过的都是悲惨的生活。他们都是典型的病人，在精神病医院因"人格障碍"而接受治疗。

精神病医生把精神病和"人格障碍"区分开来。有些精神病（比如说抑郁或恐惧障碍）在大多数情况下是短暂的，而人格障碍则是漫长的持续一生的性格特征。精神病通过适当的治疗，治好的机会比较多，而人格障碍治好的机会却少得多（虽然人格障碍的症状完全可以治疗）。"人格"和"人格障碍"之间的过渡是通畅无阻的。人们显著的性格特性可能离开标准的范围。这里必然出现这样的问题，究竟什么是"标准"。没有区分标准行为和病态行为的绝对标准。而且标准的概念也取决于不同的社会关系。如果有一个人出席晚宴时穿的是棕色而不是黑色的鞋，在某些团体中就会被认为是"不正常的"。而在人类共同生活的其他形式中，如果因为自己的女儿在婚前有性行为而把她刺死，这被看作"正常的"。一个人格障碍患者的"不正常"行为，也要联系不同的文化去看待。

但我们不能离谱地把一个青年违反惯例的行为都看成病态行为。在20世纪，70年代男人的长头发和90年代青年的刺青，都不能随便解释为精神错乱。

当然也不要由于缺乏明显的界限而为每种错误行为辩护。大概可以给此类病这样下定义：如果患者或周遭的人有一定的症状，就自然开始生病了。

　　精神病医生使用一些分类系统，像美国的《精神病诊断统计手册》，对精神病和精神障碍进行统一划分。在这个诊断统计手册的系统中，把人格障碍分为三大类："恐惧型""古怪、怪僻型"和"紧张、情感、情绪型"。全部人格障碍都在下表中列出：

人格障碍简述

恐惧型人格障碍	
恐惧逃避型	害怕别人的负面评价，逃避风险，不喜欢承担责任
强迫型	完美主义者，追求有条不紊，想控制一切
古怪、怪僻型人格障碍	
偏执型	怀疑、猜疑，认为别人的行为都是恶意的
精神分裂型	孤独，和别人保持距离，不善表露感情
精神病分裂型	行为奇特，思想混乱
紧张、情感、情绪型人格障碍	
自恋型	要别人赞赏，过高估计自己
装腔作势型	想引人注目，过于感情用事
反社会型	不尊重并侵害别人的权利
边缘型	在人际关系中感情冲动，不稳定

　　如果按照这种划分，我们也能把"不正常的性格特征"放到这九个不同的抽屉中去。现在可能有人提出不同意见：使用的标准这么少，是不能满足要求的。就连天星盘旋的迹象就有十二种之多！因此对这种划分不应评价过高。每个人都是一个个体，几乎没有一个人完全符合这些人格障碍的标准，因为不同的类型之间并无明显的界限。尽管如此，事实证明，使用这些简化的办法概括地评估这些人的问题，甚至预测有这些障碍的人在一定的情况下的反应，还是很有意义的。

　　有恐惧逃避型人格障碍的人，躲避每一个风险，因此常过着一种索然无味的生活。他们觉得自己无依无靠、软弱无能，对自己的能力信心不足。他们常有一个伙伴，对自己言听计从。在这种情况下，他们过分地害怕自己被拒绝，所以总是躲在幕后，拒绝承担责任。

有强迫型人格障碍的人，过的是一种受到限制的生活。他们死板，不灵活，过分认真，缺乏想象力。他们认为，生活中的一切都必须有条不紊，各就各位，包括大衣柜、小汽车、收集的光盘、计算机数据库、浴室、发型、保险资料和伙伴关系。这些人不能容忍违反规定，没有什么要求，生活享受和他们无缘。他们一般不喝酒精饮料，因为他们害怕一杯烈性酒下肚后，就会变得异常亢奋。他们崇尚健康，在高龄时还强迫自己坚持体育锻炼。他们不乱花钱，而是把钱存起来。所以患这种强迫症的人往往相当有钱。在我们的社会中，强迫型的特点可能很有好处：在正当的职业中，完美主义和自我节制备受推崇，例如在财政局、警察局、公司审计部或仓库管理处。在私人生活中，这些人却被看作扫兴的人。顺便提一下，别把强迫型的人格障碍和强迫症混淆起来。患强迫症的人有强迫观念，表现为强迫洗涤、检查或整理。这是一种病症，患者在生活中所受到的限制，比有强迫型人格障碍的人所受到的大得多。

关于古怪、怪僻型的人格障碍，有这种障碍的人与周围的人隔绝。偏执型的人格障碍属于这种类型。埃伯哈德（Eberhard）提前退休了，每天穿着丝绸衣服在公园散步，牵着他好斗的狗特米纳托（Terminator），这是世界上唯一能了解他的生物。他认为这个世界坏透了，因此和谁也没有密切的来往。他和所有的邻居吵得鸡飞狗跳，在街上大声骂人，吵吵嚷嚷。他的妻子从家里搬了出去，因为他毫无理由地争风吃醋，使她过着地狱般的生活。他所在的公司在十五年前就开除了他。他把公司看作万恶之源。他猜想，他所有的问题都是公司同事惹的祸，他们暗地里调查他，非把他整死不可。他在地下室里藏着武器，认识他的人都担心他总有一天会滥杀无辜。

有精神分裂型人格障碍的人是些离群索居者，对朋友或生活伴侣没有什么兴趣。他们对人与人之间的相处感到不愉快。就是对性生活他们也没有多大兴趣。然而，他们往往能够独自一人在某些领域取得杰出的成就，例如哲学理论、数学方程式或精心设计的电脑程序。

有精神病分裂型人格障碍的人和周围的人保持一定的距离，而且性格执拗、乖戾、奇怪。这些人有时沉迷于神秘古怪的想法和深奥的信念。他们经常惧怕其他人，觉得自己被人监视，甚至受到迫害。

在本书中，我们主要研究一组人格障碍，即紧张、情感、情绪型障碍。患这些病的人在控制他们的感情方面，基本上都有问题。这一类中包括自恋型、装腔作势型、边缘型和反社会型人格障碍。它们是最常出现的，给患者或周围的人带来最大的痛苦。但它们又是最吸引人的障碍，给我们引出本书的主题：名人和人格障碍之间的关系。

五花八门、林林总总的人格障碍，不断被搬上好莱坞的银幕，下列的例子就是证明：

影片中的紧张、情感、情绪型障碍

反社会型	在《沉默的羔羊》中，由安东尼·霍普金斯（Anthony Hopkins）饰演的汉尼巴尔·莱克特（Hannibal Lecter）
边缘型	在《一次严重的事件》中，由格伦·克洛斯（Glenn close）饰演的亚历克斯（Alex）
装腔作势型	在《蒂凡尼的早餐》中，由奥黛丽·赫本（Audrey Hepburn）饰演的霍莉·戈莱特利（Holly Golightly），在《101只斑点狗》中，由格伦·克洛斯（Glenn Close）饰演的库伊拉·德维尔（Cruella de Vil）
自恋型	所有詹姆斯·邦德（James Bond）影片中的坏人，他们想夺取世界的权力

自恋行为

大量采购白鞋。

——摘自托马斯·曼（Thomas Mann）在广岛原子弹爆炸那天的日记

精神病医生用"自恋型人格障碍"这个概念去形容一个患者，他非常赞赏的一个人就是他自己。

在希腊神话中，有一个叫纳齐苏斯（Narkissos）的人，他拒绝山林仙女厄科（Echo）的爱，所以她就用自恋去惩罚他，让他沉迷于自己在镜中的影像，或者整天盯着水池中自己的影子。

一个自恋者靠别人的赞赏而活着。他全部的追求就是别人的敬仰、崇拜或欢呼。他幻想伟大的成就、无限的崇拜、爱情、做爱、美丽、魅力和权力，借以激励振作自己。他认为自己与众不同，期待得到相应的尊敬和赞颂。他要求很高，只知索取。如果得不到所期待的特殊待遇，他就感到受了侮辱，甚至做出激烈的反应。其他人的命运对他来说无足轻重。设身处地考虑别人，对他来说是个外来词。他充分利用周围的人，蔑视他们的感情。如果别人取得成就，他就妒火中烧，而且时常认为其他人也一样嫉妒他。

他特别爱慕虚荣，常在镜子前面虚度年华。有时从外形就可以认出一个自恋的人，当然这和他们所处的社会环境有关。大男子主义者通常穿着衣领敞开的白衬衫，露出脖子上粗大的金链、健身房锻炼出来的胸肌、在海滩上晒成的棕色皮肤，以及胸口上浓密的黑毛。自恋的生意人喜欢打一条色彩斑斓、引人注目的领带，穿一套剪裁得体的西服，鞋子上的饰物十分夸张。自恋的教授留长头发，

隐　疾

理成大学里流行的样式，大胡子修剪得无可挑剔，脖子上打着蝴蝶结，戴着一副镍框眼镜和一顶帽子。跳街舞的自恋者把头发染得五颜六色，身上有文身和穿孔饰物，到处招摇。

自恋的女人和自恋的男人不一样，她们不容易从外表看出来。因为男人如果穿得过度夸张马上就能引起注意，但按照习惯，对打扮得花枝招展的女人我们会习以为常。

现在有很多演员都符合自恋者的标准。千百万电视观众看着他们在那里悠游自在，蠢话连篇；一丝不挂地在浴缸里躺着；下流地骂自己的朋友；为些鸡毛蒜皮的小事大吵大闹。如果他们当中有人不择手段搞到50万美元，他们也习以为常。

长期以来，在媒体中反复出现的"风流女子"现象，也可以解释为自恋的一种形式。所谓风流女子，是风姿绰约容貌秀丽的女子，是影片《放开伊曼拉》（*Lass die Finger Von Emannela*）中的女主角那种类型。她们经常在电视或报刊中出现，在艺术或职业方面没有什么成就，却引起公众的注意。她们的本事是巧妙地勾引男人。风流女子不需要什么才能，但必须美貌绝伦。光这样还不够，还必须性感，再加上一点自我陶醉。她们充分施展自己的能量，选择适当的时机、适当的地点，出现在适当的场合，和适当的人回家，让适当的人看见。她们不一定能歌善舞，也不一定擅长表演，却能在电视节目中频频亮相，大赚其不菲的出场费用。

在恋爱关系方面，自恋者清楚地表明自己是中心人物。他们渴望赞赏和热诚，但没有能力建立一种稳定的关系。一个男性的自恋者和很多女子有风流韵事，常常不单纯为了爱，主要是为了证明自己的魅力。在恋爱这个问题上，自恋者普遍认为：我想要的弄不到，我弄到的是我不想要的。这使他们很难找到一个生活伴侣。他们往往选上一个和自己很像的伴侣——常常是他们自己的影像。这是很正常的，因为他们所爱的是自己。往往出现这样的问题，两个自恋者根本无法和平共处。因此他们有时只好给自己找一个简朴拘谨的伴侣，其任务是向他们表达无限的崇敬。

在自恋者身上看到的，首先是他们的傲慢、自负和狂妄。在他们自大、自信和自夸行为的后面，隐藏着相反的东西：胆怯、沮丧和缺乏自信，庸俗的自我价值观念，害怕些微的批评。

自恋从什么时候变成病态的障碍，这就不大好说了。大多数自恋者不觉得自己有病。然而在周围的人看来，自恋再进一步就需要治疗了。怀有恶意的自恋者是指那些不择手段要出名的人，要强调的是"不择手段"。他们千方百计地往上爬，伤害他人也在所不惜，而且明目张胆地这样做。例如，一个这样的人到处招摇撞骗，为的是要显示别人多么愚不可及，而自己多么精明能干。在极端的情况下，会有人为了排除对手去进行谋杀。花样滑冰女选手汤亚·哈丁（Tonya Harding），雇用凶手用一根铁棍把她最厉害的对手南希·克里根（Nancy Kerrigan）的腿打断，使自己获得奖章。还有些恶毒的自恋者不由自主地去行凶犯罪，只是为了引起轰动。如果这样做没有成功，他们便通过惊人的方式退场，例如通过罕见的死亡方式，故意安排降落伞意外坠落，和其他人同归于尽。一个有自杀倾向的人把车开上了一个铁路交叉道口，造成了火车脱轨和十人丧生。

还有一个集体自杀的悲惨例子。一个名叫吉姆·琼斯（Jim Jones）的美国人是民庙崇拜组织疯狂的头目，也是个患有自恋人格障碍的人。当他的教派陷入困境时，他强迫他的信徒集体自杀，九百多人在 1978 年死于圭亚那的丛林中，其中包括两百多个孩子。

自恋者万岁！

把所有的自恋者都轻蔑地称为狂妄的利己主义者，这是错误的。在他们当中，一方面存在着自私、自负的利己主义者，另一方面也有善良正直的自恋者。这些人一生都在努力创造，为的是大展宏图。他们不仅提高自己的个人形象，而且助人为乐，乐善好施。这些自恋者当中有高楼大厦的建筑师、叱咤风云的政治家、热情的工会领袖或教皇、慈善舞会的组织者，还有为帮助穷人、保护环境和促进艺术而来回奔忙的人。他们到处笑脸迎人，培养有趣的业余爱好和值得赞赏的才华。他们想方设法娱乐别人——通过说笑话、魔术表演、钢琴曲、欢乐聚会或艺术展览。他们把自己修饰得整洁可爱去吸引异性，从来不和好人争吵寻衅，而是全力阻止坏人、歹徒、贪官污吏的罪恶行径。那些在死后获得特别多的唁电的人，在生前往往是"拔尖的"自恋者。

这些人在活着的时候掌控着世界。自恋也可以成为正面的性格特征，在这种情况下，就不能称为"人格障碍"。

如果有人在舞台上作为艺术家表现自己，他们必然隐藏着一点自恋。所以最伟大的音乐家或演员常常是自恋者，我们大部分的艺术享受都要归功于这类人。

上帝的愤怒

对病重的自恋者来说，理想的职业是演戏。所以在戏剧演员和银幕大腕儿当中，总可以找到特别自恋的人，这就不足为奇了。德国演员克劳斯·金斯基（Klaus Kinski）就是个例子。他扮演过各种各样的角色：有精神病的妇女杀手、丑陋而驼背的强盗、追逐赏格的人、天才而疯狂的乐队指挥、古巴的皮条客、疯狂而神秘的革命家、患精神分裂症的医生、残忍的奴隶贩子、歧视女性的大男子主义者、大好人杰克、花言巧语的色情电影编导、精神失常的科学家、精神病院中危害社会的病人、怪僻的妓女杀手、着魔的放高利贷者和萨德（Sade）侯爵——所有这些角色，在世界上只有一个人能演得如此出神入化，这就是克劳斯·金斯基。为了变换口味，他也扮演过理解病人的精神病医生和天才的小提琴演奏家，结果演得一样惟妙惟肖。

他炯炯有神的目光、闪闪发亮的眼睛、性感的嘴唇，以及嘴角周围难看的线条，帮他出色地扮演了杀人犯、喜剧丑角和精神病人。在埃德加·华莱士（Edgar Wallace）导演的影片中，金斯基完美地表现了心理变态的违法者。然而，在这些备受推崇的影片中，他在一开始就受到怀疑，因为他显然有精神病，而且有杀人的嫌疑，但最后证实他并不是凶手。

克劳斯无须掩饰，他演的首先是他自己，这样说并没有诋毁他。无可否认他在现实生活中的另一面：他在家里是个好父亲，熟练地驾驶一辆欧宝，钓鱼时耐心沉着，有绅士的风度，准时交纳税款。

另一方面，这个偏激的演员常使导演和制片人胆战心惊。他所扮演的往往是些怪人，变化无常，走火入魔。在现实生活中，他也改变不了演戏时的那种目光，既像精神病人，又像输光了的赌徒。他觉得排练纯属多余，自吹马上便能进入角色。他把导演的指导当作耳边风，把电影剧本当作过眼云烟。在他心目中一些影视权威都一无是处：比利·怀尔德（Billy Wilder）愚蠢透顶，卡洛·庞帝（Carlo Ponti）守财如命，克劳德·莱卢赫（Claude Lelouch）鼠目寸光，史蒂文·斯皮尔伯格（Steven Spielberg）的剧本是些破烂货，沃纳·赫尔佐格（Werner Herzogs）的作品低级庸俗。

隐 疾

像许多患有人格障碍的人一样，克劳斯的童年是在极其艰辛的社会环境中度过的。他1926年出生在索波特。父亲是个波兰的失业药剂师，他说自己过去是个歌剧演员，这不符合事实（家里没有人听他唱过歌）。因为家里极度困顿，克劳斯和他父亲被迫去偷盗，使家人有点吃的，也使"母亲别再去卖淫"。至少在他的自传中是这么说的：有一天房东逼母亲和他上床，"父亲用斧子劈伤他的脸"。不久后他全家流落街头，住在用破布和纸箱搭成的帐篷里。克劳斯进了社会儿童院，因为家里再也没法养活他。父母亲经常吵架，母亲企图自杀。

后来他到处打工，卖过煤，擦过鞋，洗过鱼，扛过死尸。没钱时他就撬开自动售货机。在一个园林区，这个年轻人曾替人望风。他逃过学，留过级，因为殴打老师而被开除过。接着战争爆发了。这个16岁的年轻人因逃跑而被逮捕并判处死刑。他后来越狱逃跑，但又误入敌人的战线，不幸被子弹击伤，进了战争监狱。

在战后他的演艺生涯开始了。在蒂宾根的一次朗诵后，他获得一份合同，拿到50马克的预付款，然后就消失得无影无踪。他接着参加了一个流动剧团。为了在柏林的宫中花园剧院得到一个角色，克劳斯撒了个谎，说他曾演过哈姆雷特，在许多名演员那里学过艺。在第一次被聘用后，他就在演出时喝醉了，剧院经理巴洛格（Barlog）把他训斥了一顿，他气得把一个空酒瓶向经理的背后扔过去。虽然这样，巴洛格还是不记前仇，让女服装师给他做了件大衣。他在战后的冬天冻得浑身发抖。这个女裁缝后来说，克劳斯曾经伸手去抓她的裤裆。后来因为他觉得"无聊"，扔石头把剧院的玻璃窗打破，于是他的合同没有延期。然而这并没有阻挡他成为一个吃香的戏剧和电影演员。

后来他企图服药自杀，被送进柏林的一所疗养院进行治疗。在以后的生活中，他感情冲动的行为屡见不鲜。他还不断追求风流韵事，先后和空中小姐、女服务员、妓女、女舞蹈演员，甚至自己的妹妹发生性关系；还滥用可卡因和大麻，侮辱政府官员，违抗国家权力，破坏豪华餐厅，引起多次车祸。

他厌恶和鄙视周围的人，不管是挡他道的，还是支持他的，称他们为养猪的、赶牲口的、骂街的、书呆子、勒索者、吸血鬼和臭狗屎。在他的一生中，满脸都是与人势不两立的表情。

这个颇具魅力的演员，虽然名声不尽如人意，然而在女性观众当中，却获得难以置信的成功，但他用的不是什么甜言蜜语。有关性生活的描写占了他的自传的很大篇幅。场面的描写毫不含糊，文字也颇见功力，只是自我吹嘘夸大其词。书的内容足以使某些男士妒火中烧。在每次描写放荡的性行为时，他都闭口不谈女方的拒绝或自己性器官的无能。

他许多的影片被定为二级或更低，这说明他不放过任何机会表现他的自恋观念。他拍过两百多部影片，其中不乏经典作品，如《日瓦戈医生》（*Doctor Zhiwago*）、《诺斯费拉图：夜晚的幽灵》（*Nosferatu：Phantom der Nacht*）和《浮石记》（*Woyzeck*）。

由于挥霍无度，他很需要钱，于是他接拍一些低级的电影，包括日本的色情片。他拥有约五十辆汽车，其中的几辆被解体为废金属。他经常更换他的轿车，原因五花八门：比如说："车上的烟灰缸满了""车的颜色看烦了"或者"美女走过时，车窗打开的速度太慢"。每月他在别墅内，为买俄罗斯鱼子酱和香槟酒花掉约 1 万马克。大导演费德里科·费里尼（Federico Fellini）曾请他拍一部影片，尽管这部片子将使他声名大振，但他觉得薪酬太少，所以发电报加以拒绝，电文中有这样的话："去你的吧！"德国政府给他寄来信件，请他参加"纯金的电影胶片"的拍摄，他随即把信扔进垃圾桶，因为"里面没有附上支票"。由于同样的原因，他把法国文化部长给他寄的奖章退回去，说那是"自以为了不起的蠢事"。

有人格障碍的人黑白分明地把周围的人分成好人和坏人，这种典型的做法，在他和一个天才导演的关系中表露无遗。这个导演是沃纳·赫尔佐格（Werner Herzog），曾导演过《阿基尔，上帝的愤怒》（*Aguirre, der Zorn Gottes*）、《陆上行舟》（*Fitzcarraldo*）和《非洲黑奴》（*Cobra Verde*）。只有赫尔佐格这个导演到最后还能坚持和克劳斯拍片。克劳斯这个恶棍公开地说，赫尔佐格是唯一理解他的人，他最想和这样的人工作，但另一方面又对他肆意诽谤："赫尔佐格是个可怜可恶、嫉妒贪婪、阴险毒辣、胆小虚伪的家伙。"克劳斯这个自恋者不能忍受的是，赫尔佐格用他的影片去中饱私囊。

在秘鲁丛林中拍《阿基尔，上帝的愤怒》时出现了危机。为了拍这部影片，赫尔佐格拿出他的全部财产做赌注。有一次拍片时，克劳斯差一点陷入泥坑，有人幸灾乐祸地哈哈大笑。克劳斯马上收拾行装，准备一走了事。赫尔佐格突然拿起武器威胁克劳斯，说要先杀死他，然后再杀自己。克劳斯了解赫尔佐格，他很清楚导演是认真的，所以决定留下来继续把片拍完。

臭名昭著的克劳斯躁狂成性，经常大发雷霆，他的丑态被许多摄影机拍了下来。在拍《陆上行舟》时，他的老毛病又犯了，当地的印第安人向制片商建议，干脆把这个讨厌的家伙干掉算了。

这个爱炫耀自己性功能的家伙，在他最后的几年中越来越怪僻。他的片约明显地减少，他转而接受采访、发表谈话和朗诵诗歌，一如既往继续丑态百出。在电视节目中，他披头散发，目光下垂，经常大发雷霆辱骂观众。

1991 年，65 岁的克劳斯在加利福尼亚的家中去世，死于心脏衰竭。

克劳斯是自恋人格障碍绝妙的化身，他带着无限的利己主义，无法控制冲动，对人极端不信任，内心处于分裂状态。他说："我自己比在影片中糟糕得多。"他如果没有极端的自我崇拜，不和世界的其他人斗，就无法生存下去。只有通过别人对他的反抗，他才能成为真正的大人物。如果他不自恋，他可能会成为高中的一个业余剧组的领导，会觉得自己的生活无法忍受。

虽然他放荡不羁，我们还是喜欢克劳斯，可能是因为他干过的那些事我们有时也想干，只不过有这个心没这个胆。

沙德翰老汉偷蜡烛

1864 年 7 月 9 日，在德国小城佩尼希的一个裁缝那里出现了一个矮人，他"和蔼大方，阿谀奉承"。他称自己是海利希（Heilig）大夫，来定做五件衣服。他说，他是个眼科医生，"过去参过军"。当他来取衣服时，裁缝请他给一个有眼病的年轻人看病。海利希大夫用意大利文开出一张药方，告诉裁缝他要离开一下，去拿台眼科仪器。他没有付钱，就把价值 40 塔勒的衣服拿走，从此一去不复返。

1864 年 12 月 16 日，神学院教员洛泽（Lohse）出现在开姆尼茨的"金锚"旅店，租了两间彼此相连的房间，一间给自己，另一间给他的上级，学院的院长。他说院长不幸生病了，让制皮衣厂工人纳颇（Nappe）把价值 94 塔勒的一件皮外衣送到他在饭店的房间。当皮衣工在左边的房间等候时，洛泽拿着皮衣穿过旁门，走到右面的房间，把衣服给病入膏肓的院长看，然后拿着那贵重的皮衣悄悄地通过前门，永远消失了。

1869 年 6 月 15 日，有一位先生到了雅各布的穆尔森大街，出现在面包师瓦普勒（Wappler）的面前。这位先生说，他受德累斯顿一个律师的委托而来，向面包师出示了一份由萨克森总领事西贝尔（Sybel）签发的函件。此函件授权他处理在辛辛那提死去的一个富商在萨克森的遗产。面包师兴奋地获悉，自己是这笔财产的继承人。这位和气的先生通知面包师，他要马上带着他的儿子去格劳豪办理遗产继承事宜。面包师的妻子和儿媳留在家里。不久后，这位先生再次出现，对这两个惊讶的女人表明身份，说他是"秘密警察的高级军官"，来调查伪币制造案件。他要求她们把家里的钱拿出来，并要拿走检验是否假钞，结果带着28塔勒溜之大吉。

　　海利希大夫、洛泽教员和律师的委托人有什么共同之处呢？这三个人都是卡尔·迈（Karl May）的自我写照。他是历史上出书最多的德国作家。

卡尔·迈的自我写照用过的假名

首席教师弗伦茨·朗格尔（Franz Langer）

医学博士海利希

神学院教员洛泽

铜版雕刻家

沃尔夫拉姆村（Wolframsdorf）的警察中尉

作家海歇尔（Heichel）

普林岑·冯·瓦尔登堡王子（Prinzen von Waldenburg）的儿子

马蒂尼奎岛的农场主冯·奥尔比（Von Orby）

迪亚斯·德拉埃斯科苏拉（Diaz de la Escosura）上尉

古塞拉（Gisela）

霍布乐·弗兰克（Hobble-Frank）

卡尔·霍恩塔尔（Karl Hohenthal）

D.贾姆（D.Jam）

穆哈默尔·洛特雷阿蒙（Muhamêl Lautréamont）王子

恩斯特·冯·林登（Ernst von Linden）

P.范德洛温（P.van der Löwen）

埃玛·波尔玛（Emma Pollmer）

里夏德·普洛恩（Richard plöhn）

卡尔·迈写过 100 多本小说，被译成 33 种文字，总印数高达 2 亿册。沙德翰老汉（Old Shatterhand）和温尼特（Winnetou）、卡拉·本·内梅西（Kara Ben Nemsi）和哈德希·哈莱夫·奥马尔（Hadschi Halef Omar）已成为千百万男女老少心目中的英雄。今天所写的哈利·波特（Harry Potter）的小说就像当年卡尔的书。在 20 世纪 60 年代，温尼特的系列影片把千百万观众吸引到电影院中。

在成为作家以前，卡尔就有过犯罪的经历，主要是从事诈骗活动。

事情发生在师范学院，卡尔在那里被抓住，因为他偷了一些没有点完的蜡烛。后来有人说他偷了一座时钟，结果他被判了六个星期的监禁。上完师范学院后的几年中，卡尔以到处行骗为生。他无比灵巧，富于幻想，十分幽默，足智多谋，骗过很多周围的人。后来他被抓住，在监狱里度过了整整八年。

出狱后，他开始写色情小说，逐渐成为有名的德国作家。虽然他的作品在文学上不能说是划时代的，但批评家不得不承认，卡尔的冒险故事真实可信，富于想象。刚学会读书的孩子，在几天之内就囫囵吞枣地把卡尔的一本 500 多页的小说读完。他的故事生动活泼，情节发展合情合理，使年轻读者心服口服。

当卡尔的声望达到顶峰时，他诈骗的老毛病又再次显露：他在信件和公开的演讲中严肃地声称，他曾经是沙德翰老汉和卡拉。因为当时还没有互联网和电视，他还能通过自吹自擂招摇撞骗。在一封给读者的信中他写道：

> 您猜得完全正确，我只讲述真实事件。我所描写的人物都曾经存在过，甚至今天还活着。比如说，沙德翰老汉就是我自己。

他让萨克森的一个枪支制造商为他的主人公温尼特和沙

德翰秘密制造武器，并将其拍成照片。这些武器在《银盒子》（*Siberbüchse*）、《杀熊人》（*Bärentöter*）和《亨利的猎枪》（*Henry stutzen*）等作品中出现过。他还让人把照片印在签名卡上，加上说明，如"沙德翰老汉（卡尔·迈博士）和温尼特的银盒子"或"卡尔·迈博士饰演尼姆斯，穿的是原来的服装。他带着它们进行危险的世界旅行"。他把这些卡片销售到世界各地。

他不懂任何一种外语，却在一封信中大言不惭地写道：

> 我能说能写的外语有：法语、英语、意大利语、西班牙语、希腊语、拉丁语、希伯来语、罗马尼亚语、波斯语、库尔德语、汉语、马来语、斯瓦希里语、印度斯坦语、土耳其语、印第安语和南美洲的方言。为了学这些语言，我度过了多少个不眠之夜啊。现在我每星期还学习三个晚上。

连他的出版商恩斯特（Ernst）也坚信，这位作家所有的故事都有根有据。卡尔甚至把"沙德翰老汉"的名字印在名片上，和他的假博士头衔放在一起。他还把马毛作为被杀的温尼特的卷发卖给他的崇拜者。

他的欺骗行为使公众怒气冲冲，愤愤不平，称他为"天生的罪犯"或"大骗子"，也使他身败名裂。他的前科家喻户晓，尽人皆知。他发表过的作品被人称为"缺德"和"下流"的出版物。在死前不久，他还在法院审判中为自己的名誉而战。

我们在卡尔·迈身上诊断出幻觉谎语症，这是一种病态的欺骗行径，也是自恋人格障碍的一种表现。许多自恋者的生活格言是"外表要比实际好些"，把谎语症推向极端。成为引人注目的中心人物这种不可遏制的欲望，驱使他们不断欺骗他人，以提高自己的个人形象。他们编出不同凡响的故事，自己扮演其中的主角。他们的故事扣人心弦，表演令人信服感动，使大众赏心悦目。

1912年，卡尔·迈在德累斯顿附近与世长辞，他被诊断为人格障碍，主要症状是自恋、虚荣、说谎、诈骗、冲动、失控和犯罪。

他有孜孜不倦的写作热情，毫无疑义可以称为写作狂。卡尔成功地把他疾病的负面转为正面。他的幻想、妄想和创意，同时又是一种命运的预兆。虚构和现实的结合，使他的创作生涯崎岖坎坷，但他把世世代代的读者带到异国他乡，使他们心驰神往，如醉如痴。

如果人格障碍的患者把自己的能量引向正确的轨道，就能建立丰功伟绩，卡尔就是个范例。他的犯罪行为所造成的经济损失加起来不过是几百塔勒，然而，他使千百万青年读者和电影观众得到消遣和享受。我们应该这样评价他，对他的人性弱点加以原谅。

一切只是演戏

另一种和自恋极为相似的人格障碍，是歇斯底里。

这种人格障碍过去被简单地称为"癔病"。这个名称来源于希腊单词"hystéra"，意思是"子宫"。那个时候人们认为，只有女人才会歇斯底里，这个特性和子宫有某些关系。但显而易见的是，歇斯底里的男人和女人同样多。因此敌视女人的词"歇斯底里"被禁止在正式的语言中使用，而用希腊单词"histrio"取而代之，意思是"演戏"。这正好一语道破事情的本质：具有这种人格的人，善于矫揉造作装腔作势，借以表达自己的内心感觉和情绪，就像演员在低级庸俗的喜剧中所做的那样。不作为中心人物他们就无法忍受。就像自恋者一样，需要别人不断地注意、赞赏和崇拜。他们通过舞台演出去战胜无人赞赏的恐惧，其自知之明的能力丧失殆尽。

他们孜孜不倦地寻求成为中心人物的机会。

但他们同时有很强的适应能力，因为他们总要演某一个角色，常常忘记了自己的真实身份。他们装腔作势，一方面要求别人对他们毕恭毕敬和严格遵守所有的规定；另一方面又认为，那些使人们共同生活顺利进行的惯例使他们自己无所适从，难以适应。

比方说，他们在赴约时总是趾高气扬，姗姗来迟。一般来说，如果有一个人在开会时来晚了，他会蹑手蹑脚地进入会场，面带着狼狈的笑容，默不作声地躲到角落里。装腔作势的人则不然：他们用力把门打开，大模大样地从坐着的人中间挤过去，把椅子拉到一旁，发出刺耳的响声，这样做是为了让所有的人都知道，最重要的人物现在才粉墨登场。

这些人只对自己有兴趣。如果你对一个装腔作势的人说："我的腰有严重的风湿病，我几乎动不了。"你得到的不是同情，而是厉声的反唇相讥："那又怎样，我也得过这种病，疼得难以忍受，你根本无法想象。"

他们以诽谤别人为乐，自己又过分敏感。他们和你聊天，给你鼓掌，实际上是敷衍了事。他们不习惯轻声细语，而喜欢尖声叫喊、呼天抢地、破口大骂。如果他们要达到一个目标，自己从不客气地请周围的人帮忙，而是一开始就想威吓对方，以实现他们的打算。他们本来是求人办事，却向对方提出过分苛刻的要求。

他们不是靠勤奋和认真地工作谋求发展，而是按"厚颜无耻，无往不胜"的逻辑行事。他们不懂得有付出才有回报，对贿赂收买缺乏抵抗力，在诱惑面前缴械投降。

装腔作势的人，很容易从外表辨认出来。男的可能戴一条花哨的领带，或穿一件像交通标志的衬衣。装腔作势的女人，一般涂上红得令人讨厌的唇膏，着装打扮妖艳性感，常和年龄极不相称。她们在浴缸里悠然自得，一泡就是一个多钟头，在洗手间里涂脂抹粉，脸上画得花里胡哨，描过的眼睛大得滑稽。她们比较喜欢特别难看、引人注目的眼镜，比如"大黄蜂"（Hornisse）牌的。一个精神病医生告诉我，妇女装腔作势的程度，从她们手上戒指的数目就可以一目了然。她们是整容外科医生的常客。抽脂、拉皮、抗皱注射——这一切都是为了推迟老化的过程，永葆青春美丽。

他们外表常常魅力四射，但看上去并不真实，缺乏思想深度。如果关系到自身的安危，他们就会变得肆无忌惮、阴险狠毒。当他们自私的行为受到别人批评时，他们会说这是"造谣中伤"或者"聚众滋扰"。

在恋爱方面，装腔作势的人举止狂热，极富激情。他们不能忍受不冷不热的恋爱关系，需要伟大的情感和激情，或者什么也不要。装腔作势的女人觉得，找一个合适的男人比找一副合身的比基尼容易。她们在女厕所里补口红时，会大声宣布刚征服了一个男人。当然，这个男友得长期满足装腔作势的女人的要求。

"装腔作势的人格"的本义并不是病。谁也不会去对精神病医生说："大夫，您听着，我患了装腔作势型障碍，请您救救我。"当他们周围的人有时感觉到"有了障碍"时，他们根本没有感到痛苦，不会把自己说成精神病。精神问题大多出现在人生的晚年，这时青春就像小鸟一去不复返，经受多年艰难险阻的伴侣，最后不欢而散，劳燕分飞。

装腔作势的人因为心理问题，常出现在精神病诊所里。他们习惯于夸大自己的病征，把轻微的头疼说成"头痛得要命"；几乎感觉不到的头晕，称为"昏迷不醒"；一次小小的不愉快，说成"悲痛欲绝"。治疗这些心理障碍常常是一个医生的棘手难题，因为病人从来不说出自己精神问题的原因。

装腔作势的人容易接受暗示，要影响他们是轻而易举的事。他们的思想并非有条不紊，而是变化无常，动摇不定。他们所构思的逻辑充满激情，但对其他人来说是如坠五里雾中。他们偏爱深奥的东西，因此是庸医、骗子和江湖术士梦寐以求的牺牲品。

一阵清风

在读完这些叙述后，你大概会决定，不再和装腔作势的人有半点牵连。然而，如果装腔作势的障碍并不严重，这些人还有可取的一面。没有人能像他们那样生动活泼、牵动人心和引人发笑。他们不甘寂寞，力图创新，打破陈规陋习，喜欢变化多端，追求轰动和刺激，对禁忌置之不理。他们成为演员或歌剧歌手。他们生性轻浮，不用怎么费劲儿，就轻而易举地有所收获。他们有不错的组织才能，但不太关心细节，只注意所谓"总体计划"。费力不讨好的琐碎工作，他们通常让别人去干。

对他们提出的请求不容易加以拒绝。因为他们笑脸迎人，富于感染力和吸引力，善于诱惑他人。没主见的人会和他们来往密切。男人会迷恋装腔作势的女人，甚至到了丧失理智的地步，母亲的好意劝告他们全当作耳边风。

装腔作势的女子对其他妇女起着样板作用。她们无礼而叛逆，使人耳目一新。在男人主宰的世界中，她们异军突起，战果累累，被人称为"女强人"。

有人把装腔作势的人称为自恋者，或者反过来称呼之。虽然这两种人格有许多共同之处，但并不能把它们相提并论。那么，自恋者和装腔作势者有什么区别呢？如果你称他们为"狂妄的家伙"，就会看到他们的不同反应。装腔作势的人会断然拒绝这种侮辱，而且以牙还牙加以反击。他不会从批评中得出教训，这种侮辱对他来说，好比过眼云烟。他认为自己具有令人倾倒的魅力，不可能有人不喜欢他。奇怪的是，他第二天就把被骂的话忘得一干二净，而且客气地和你打招呼，好像什么事都没发生过。

与此相反，自恋者觉得自己受了委屈和侮辱。他会记着你的长相，永不忘记这种奇耻大辱。但他会考虑你的批评的合理之处，而且试图改过自新。

从外表上也可以找到他们的区别：自恋者品位很高，近乎完美无缺，对别人往往有一定的魅力。装腔作势者则相反，他们品位低下，虽然不惜一切吸引眼球，但效果往往适得其反。由于他们的服饰滑稽可笑，时常穿得花里胡哨，没有多少吸引力，而自己还蒙在鼓里。自恋者在外表上追求尽善尽美。装腔作势的人却不以为然，觉得自己反正受人欢迎。

自恋者比装腔作势者更适合做政治家，因为后者无法使大众喜欢他。

心理变态者

迈克·克（Maik K）有过多次前科，当过迪斯科舞厅的门卫。在一次争吵中，他用木棍殴打一个土耳其人，使他脑袋受伤，留下了后遗症。由于证人的口供相互矛盾，他后来被无罪释放。此后迈克当过空手道教练、健身房指导和私人保镖。后来由于酒后驾车、私开黑车、偷盗商品、租房骗钱、无照钓鱼、暴力抗法、多次伤人和非法喂养军犬，他受到多项指控。谁也无法知道他从哪儿搞来那么多的钱，买了一辆豪华宝马轿车和一辆意大利摩托车。由于争风吃醋，他多次把他的金发女友打得体无完肤。他的朋友们都十分怕他，因为他常常莫名其妙地大发雷霆，最后不是损坏物品就是暴力伤人。

迈克患有一种特别严重的人格障碍，叫作不合群人格障碍。

这类病人过去被称为"精神变态者"，他们冷酷无情，不顾他人的感受，没有一点责任感。什么法律和法规、准则和责任、伦理和道德，他们都置若罔闻。基督教的摩西十诫，连同路德教派的解释，他们都公然违反。他们认为世界已被破坏，要在其中幸免于难，自己也要变坏才成。他们运气不佳吃了大亏，有理由去争取属于自己的东西（"人人都为他们自己；只有我为我自己"）。他们没有自知之明，如果有什么事情搞砸了，其他所有人都有责任，除了他们自己。他们肆无忌惮、不择手段地攻击别人，不达目的誓不罢休。他们寡廉鲜耻，说谎行骗无所不为。除非太阳从西方升起，否则千万不要相信这些不合群障碍患者。

他们没有什么耐心。他们在一生中不断侵犯别人的财产，使用暴力攻击他人。他们容易冲动，缺乏考虑，不顾损失，不能从失败中吸取教训，刚蹲完一次监狱，出来后又重新犯罪。他们损害的不仅是别人，还有他们自己。他们成为监狱的主要犯人，在美国，80%的监狱罪犯都是不合群人格障碍患者。

虽然对自己颇为自信，但有不合群障碍的人还是常常恐惧不安，害怕受到攻击。对酒精和毒品的依赖在这群人当中非常普遍。在男人当中，这种人格障碍出现得更为频繁。

人们惊奇地发现，有些人总想和这些有问题的人来往。他们在表面上很有魅力，但在虚伪外表的后面，隐藏着伪装得很好的利己主义。他们在伴侣关系中充分利用对方，常常以可怕的方式，吸引和控制其他人。如果他们的爱没有得到回应，便会纠缠不休甚至使用暴力。

这种令人不愉快的人格障碍为什么会产生呢？

在这类人当中，大多数都出身于破裂的家庭，但社会环境也起了很大的作用。他们当中的许多人出生在贫民区，在暴力泛滥的环境中长大。但和大部分的人格障碍一样，还有一个遗传因素，这个因素占到百分之五六十。

在不合群人格障碍的患者当中，有时发现有些人有轻微的脑损伤，其影响不表现在智力减退或明显的行动障碍，而是表现在慢性的症状，比如在上学时读写都有困难，还有在幼年就开始的多动症。患病的儿童容易冲动，动作不停，不动脑筋。在出生时缺氧或父母亲酗酒，都会造成这种脑损伤。

号哭的婴儿

"自由这个词是说，没有什么可以失去。"这是詹尼斯·乔普林唱的一句歌词，歌名是《我和博比·麦克吉》（*Me And Bobby McGee*），作曲者名叫克里斯·克里斯多弗森（Kris Kristofferson）。

詹尼斯是个易爆的千瓦灯泡、摇滚乐之母、美国伏都教女巫和嬉皮士女神。唱歌时她时而声嘶力竭地大喊大叫，时而窃窃私语或痛哭流涕。由于抽烟和喝威士忌，她的声音变得有点沙哑。《我的心声》（*Piece of My Heart*）、《号哭的婴儿》（*Cry Baby*）等歌曲，确切地表达了20世纪70年代的年轻人的情绪，他们失恋，感到孤独，觉得世界已到了末日。她在1969年参加了传奇般的伍德斯托克文艺节的演出。她和许多歌星和乐队同台演出过，其中有乔·科克尔（Joe Cocker）、"十年后"乐队、"何人"乐队、吉米·亨德里克斯（Jimi Hendrix）、桑坦那（Santana）和"愉快的死"乐队，共同书写了摇滚乐的历史。

　　　　　　　　　　隐　疾

詹尼斯本是个好学生，在一个正常的中产阶级家庭中长大，住在阿瑟港（得克萨斯的石油产地）。她在 16 岁时交上了坏朋友，和"垮掉的一代"的成员打得火热。这些人长发披肩，脚穿轻便凉鞋，身着棒球裤花衬衫，头戴彩色额带，手上戴着人工饰品，到处闲逛游荡，酗酒逃学。由于詹尼斯在性生活方面无拘无束，城里的人都叫她"荡妇"。她因为在商店里偷盗而被拘捕过。詹尼斯和她的朋友还被人称为"黑人的情妇"，因为她们不参加得克萨斯州的一次"打击黑人"的活动。一些年轻人开着汽车飞速从黑人身边经过，用长棍打击他们。年轻的詹尼斯却发现了黑人音乐布鲁士舞曲，从此摆脱了生活的痛苦。

　　詹尼斯自称是只丑小鸭，粉刺使她满脸疤痕，身体也超重。看过詹尼斯照片的人都不会说她像个明星。当然她也不是毫无魅力。奥斯丁大学的学生在 1962 年的一次选美时，把詹尼斯选为"校园中最丑的男人"，这使她晴天霹雳大吃一惊。但学生这样做主要是因为她的衣着打扮与众不同，不像别的女大学生那样穿着漂亮的彩色裙子，而是身穿没洗过的牛仔裤。詹尼斯平时就像个假小子。她粗声骂人，抽烟喝酒，喜欢女孩。当然不只是女孩，因为她搞两性恋。她和女人最初的性关系是在奥斯丁大学发生的，而她和男人的关系尤其引人注目。她有过不少艳遇，但都很快结束。她的一个女友说："她是为寻找而寻找，找不到她也高兴。"虽然她的性生活毫无节制，但总觉得自己孤独无助，因为男人们无法长期忍受她。她时而向他们倾注大量的感情，时而又断然拒绝他们。有一次，她和一个男友如胶似漆地生活了几个星期，却突然把他的脑袋打伤，因为她抱怨自己形单影只。"我和千百个人做过爱，"她在舞台上哭着对观众说，"但每次我都是独自回家。"

　　詹尼斯离开了阿瑟港，与旧金山的嬉皮士一起闯荡江湖。在那里，她以乡村歌手的身份登台演唱。她尝遍了旧金山所有的毒品：乌羽玉膏*、麦角酸二乙基酰胺、印度大麻、安非他明，最后选上最有劲儿、最有害的毒品——海洛因。此外，这个倔强的女人喜欢用"南方愉快"滋润她的喉咙。这是一种威士忌掺桃汁的烧酒，含50%的酒精。她常在舞台上举起酒瓶一饮而尽。

有一次，她好像恢复了正常，回到了阿瑟港，和她父母共享天伦之乐。她回去上大学，减少毒品的用量。但好景不长，很快又死灰复燃。她在1967年重新回到旧金山，在那里成立了"老大哥"乐队和控股公司，开始平步青云飞黄腾达。在蒙特利尔流行音乐节上，她一展歌喉征服了歌迷们的心。随着胜利的到来，她的毒瘾又发作了，海洛因的用量已到了危险的地步。

在20世纪60年代，电视台播送一个叫《颓废派俱乐部》的节目，我看到了詹尼斯迷人的演出，这时我的母亲走进屋来，看了一眼屏幕便说："这个女人该进疯人院。"她示威性地打扫起客厅来，吸尘器的噪音严重干扰了收听，什么也听不见。两个多星期后，我在报上果然看到：詹尼斯住进了精神病院。

一切戒毒的努力都以失败告终。詹尼斯使治疗医生罗德施尔特（Rothschild）几乎无法工作。她是在朋友的规劝下勉强进入精神病院的。她在医院里装腔作势，狂妄自大，肆意挑衅。这个布鲁士名歌星声称她能管好自己，只喝"南方愉快"酒就够了，根本不需要注射海洛因。她的体重从76公斤降到45公斤，最后只剩下一副骨头架子。由于她否认自己吸毒，低估了吸毒的危险性，所有治疗的努力都徒劳无功。

她买海洛因只找一个她信赖的人。1970年10月4日，这个毒

---

* 用北美的一种仙人掌植物乌羽玉提取的仙人掌毒碱。——译者注

贩没有出现。后来她从别人那里买到的海洛因纯度高达 50%，这是个致命的错误。一般毒品贩子为了赚钱，往毒品里掺入各种添加剂，詹尼斯对此却一无所知。她这次买到的是高纯度的海洛因，结果因服用过量而断送了性命。"南方愉快"也当了帮凶，她的肝由于酗酒过度，受到严重的损害。

"詹尼斯不是死于超剂量的海洛因，"埃里克·伯顿（Eric Burdon）说，"她是死于超剂量的詹尼斯。"

处于边缘

读完詹尼斯·乔普林的故事后，人们不禁惋惜不已：这样一个年轻的天才艺术家，因交友不慎，在成功之后又乱了方寸，由于意外而不幸殒命。

一个精神病医生在詹尼斯的身上发现各种病征奇特的组合，怀疑她受某种心理障碍的折磨，酒瘾和毒瘾使她走向毁灭。她虽然成绩辉煌，但长期抑郁沮丧，缺乏与人沟通并建立长久关系的能力。她感到寂寞，又害怕孤独，对帮助自己的人肆意挑衅。精神病医生把这些症状诊断为"边缘精神障碍"。不仅在詹尼斯身上，而且在本书中第一个例子即席德·维瑟斯和他的女友南希·斯庞根身上，我们都可以找到这种障碍。

在这个概念的后面隐藏着什么呢？

珍尼弗（Jennifer）23 岁，她用锋利的刀片在自己的前臂上划了几道伤口，被送到医院进行急救。在缝好伤口后，她被转移到精神病诊所。她在那里对助理医生说：她没有想过要自杀，只是想"体验"一下。这个年轻的医生不相信，追问她为什么，她答道："我感到一种可怕的空虚，我的身体和生命一样，感到荒凉和贫乏。

我不知道自己是否真的还存在，感觉不到我自己。这种情况把我逼疯了，所以我就割伤我的前臂。当血流出来的时候，我就知道我还存在，于是觉得轻松多了，这就像一种癖好，有时我真想把一把刀捅进自己的肚子里。"

这个年轻的女人露出她的两只前臂，上面有无数的疤痕，都是刀片割出来的伤口。有时割得很深，连筋都切断了。外科医生费了很大的劲儿，才把它们缝合起来。她所熟悉的大夫每次都十分生气，她莫名其妙地把自己割伤，而他们不得不在夜里从梦中惊醒。

生活对她来说是种巨大的折磨，珍尼弗这么对人说。她经常萎靡不振、恐惧不安、总想伤害自己。她不留恋生命，常常琢磨自杀的具体细节。

珍尼弗魅力四射。她的父亲是个美国黑人士兵。在她出生后不久，他就离开了她的德国母亲。在她18岁的时候，母亲死于肺癌。她曾对人说过，她的母亲虽然不是个妓女，但是生性轻浮，和四个男人生过孩子。

珍尼弗穿的都是奇装异服，她的耳朵穿了几个小洞，鼻子上镶有一颗钻石，肚脐被穿刺过，身上还有多处文身。

她没有受过高等教育，虽然谈吐优雅，俨然像个大学生，事实上只有中学毕业。她学过一些技能，例如理发、为老人服务和金饰技术，但往往学了几天就中途而废。在这期间，她有时到酒店打工，靠微薄的收入维持生计，后来又依靠社会的救济。政府机关要她做的所有事情，都被她搞得一塌糊涂。

她没有过伴侣关系。她说，从15岁开始，她就跟许多小伙子和男人睡过觉，但不久后就和他们断绝关系。她从来没有长期忍受过一个男人，前后堕过四次胎。许多年轻男人被甩后痛不欲生。她逐个地进行欺骗，伤害了他们大家。她不断和别人断绝关系，但时间一长，又觉得寂寞难熬。

她在 22 岁时扪心自问，自己还是更喜欢女人。她和许多女人发展了关系，但就在这种同性恋关系中，她也不能从一而终，而是喜新厌旧。与此同时，她继续保持和男人的性关系。

她周围的人不管是男是女，都被她迷得神魂颠倒。不仅是她的容貌，而且还有她身上散发出的"某些东西"，使俊男美女纷纷拜倒在她的石榴裙下。

珍尼弗开始信任她的医生，并向他透露，她在 10 岁时就被她母亲的情人强奸。这个人和她母亲一样也是个酒鬼。他威胁珍尼弗说，如果她向任何人提起此事，就要把她干掉。但是她还是告诉了她母亲。母亲不仅没有告发她的姘头，反而把女儿痛打一顿，威胁要把她送到收容所。

12 岁时她真的被送到一家"问题女孩收容所"，因为她母亲已经没有办法对付她了。在收容所里，她很快接触到毒品，尝试过大麻、麦角酸二乙基酰胺、可卡因、摇头丸和海洛因。

在过去几年，她曾在儿童精神病院看过病，接受过精神治疗，上过精神病诊所，但病情没有根本性的好转。她不知道以后该怎么办。她很清楚，自己不想再这样艰难地活下去，而且心里很明白，她活不了多久了。

珍尼弗患的是边缘型人格障碍。这是一种最严重、最难治疗的人格障碍。我在医院当过多年精神病大夫，看过很多这样的病人。这种障碍给患者和周围的人都带来无限的痛苦。

边缘型精神障碍不是用一两句话可以说清楚的。所以在这里有必要详细介绍这种莫名其妙、后果严重的疾病。精神病大夫认识这种边缘型人格障碍，是通过一些病状的典型组合，这些病状可能个别地出现在其他的精神障碍中，但不会如此独特地混在一起。这些病状概括在下列的表中：

精神错乱诊断统计手册中有关边缘型人格障碍的特征

边缘型障碍的特征是：不稳定的人际关系，自我形象的破坏，感情失控，容易发生冲动，病状开始在成人年龄的早期。在下面九条标准中，至少符合其中的五条：

——非常害怕孤单或被人抛弃

——不稳定的人际关系，在追求最高的理想和退而求其次之间动摇不定

——时好时坏的自我形象

——一时冲动、欠缺考虑和行为不端，因而有损自己，比如轻浮放荡的性行为，大手大脚乱花钱，酗酒吸毒无度，玩儿命飙车或暴饮暴食

——不断企图自残或自杀

——反复无常、无法预料的情绪变化，对人对事极端不满，容易激动或焦虑不安

——持续不断的空虚感觉

——情绪失控、大发脾气或爱争好斗

——在压力下出现颇为罕见、瞬息即逝的痴心妄想，或者严重的分裂病状（就是"幻觉"的病征，像麻痹、神智昏迷、记忆空白，或觉得自己是几个人）

边缘型精神障碍患者的情绪变化无常。愤怒、生气、不满、沮丧、悲哀、放纵或者欢乐交替出现，一会儿晴空万里，一会儿又暴风骤雨。最小的争吵都会导致精神崩溃；和人闹点儿别扭就要断绝关系。他们的精神状态就像九级地震后的瓷器店。从他们怪异的行为中可以识别边缘型障碍的病人。他们动辄故意伤害自己，用刀片或者利刃划伤自己的前臂，直到鲜血淋漓。这种人可以从其臂上的刀痕辨认出来；另一些人在自己的皮肤上按灭燃着的烟头，或者用脑袋去撞墙。他们说，在多数情况下感觉不到疼痛。在切割前臂后内心有一种宁静的感觉，可惜这种感觉转瞬即逝。他们采取这种行动来减少积聚的压力和内心紧张的感觉，摆脱强烈的感觉和情绪，如愤怒、悲哀、孤独、羞耻或罪恶感。但他们这样做也是由于憎恨自己的为人，痛恨自己的身体，这种仇恨驱使他们惩罚自己。于是一些边缘型障碍患者把骂人的话刻在自己的皮肤上。

但很容易就会发现这种切割行为不是为了自杀。这些患者在切

割自己的前臂时都是远远避开动脉的。尽管如此，在边缘型障碍患者当中，企图自杀的人还是多得令人瞠目结舌。

患有边缘型障碍的人非常不幸。把他们极度的悲哀、不满和消沉称为抑郁沮丧，当然不是问题的关键。对他们来说，生活无法忍受，而且毫无价值。但他们表现出来的不是沮丧和绝望。折磨他们的，更多的是一种空虚、不快或厌恶的感觉。

健康人整天提心吊胆，盘算着如何才能活下去。有心理障碍的人不同，他们不珍惜生命，喜欢进行冒险，如躺在铁路轨道上，过马路横冲直撞而不看车，在桥栏杆上做平衡动作，在马路上疯狂飙车。他们在服用毒品和药物时极其随意，过量的吸食把他们送上西天。

边缘型障碍患者好比在生命的大道上飙车，他们不仅不系安全带，还把车上的刹车弄坏。这种对轰动效应的追求是为了摆脱无法忍受的无聊和空虚的感觉。

自恋的代价

我们已听说过自恋型人格障碍，这个概念在这里再次出现。自恋是边缘型障碍的基本构件，就像奔驰轿车上的空调。这种现象可以从他们标新立异的风格上看出来。他们什么都可以穿，关键是要引起轰动。他们穿上紧身的牛仔服、尖头靴子、自己缝制的皮革衣服。全身刺上花纹，身上穿了很多洞。涂成白色的面孔，深色的眼眶，还有奇异的发型，染成五颜六色的头发。他们的目的是：对父母的警告反其道而行之，变成父母不要他们做的那种人。

但是，不能因此得出结论：所有奇装异服的年轻人，可以马上归纳到边缘型障碍患者一类。通过外部形象来表达抗议，这在某种年龄的人是可以理解的。每个有志的年轻人都想让自己看起来像巨星玛丽莲·曼森（Marilyn Manson）。边缘型障碍患者首先想要的是新式怪异的发型和个性化的服装，以充分表现出他们的桀骜不驯。令人惊奇的是，这种标新立异的独创风格肯定在几年后会被时装设计师广泛采用，在巴黎和米兰被命名为性感的"时装极品"。

边缘型精神障碍患者给"正常的人"留下一个狂妄自大和厚颜无耻的印象。虽然他们缺乏安全感，惧怕别人的拒绝，但不想给人以正面的形象。他们自恋自信自命不凡，但实际上并不自爱。他们称自己为"牲口"，痛恨自己和自己的身体。

边缘型精神障碍患者过分自我陶醉，往往是坚定的利己主义者，不懂得自我批评。别人是否认为他们正直可靠，对他们来说是无所谓的。他们许多人对真理本来就不认真。他们常常无缘无故地编造谎言，真不知道他们这样做目的何在。给人的印象是，他们的行为只是一种权力游戏。这些故事很快就被揭穿，因为其中的骗局太显而易见了。

当谎言暴露出来之后，大多数人会感到十分难堪，边缘型障碍患者却坦然自若，他们既不会陷入矛盾当中，也不怕别人嘲笑谩骂。

满腔怒火

有边缘型障碍的人常常情绪失控。他们打碎瓷器，划坏街边的汽车，把电视扔到窗外，或毁坏镜子，因为他们不喜欢自己的脸。

一旦发生小小的争执，他们便马上出言不逊或者动手打人。他们和其他人步调不一。他们当中的男人常常蹲监狱——因为偷盗、伤人或抢劫。在他们当中还有人私藏武器，伺机攻击他人。

在学校受训或工作期间，他们都坚持不下去，接到一个棘手或费力的任务后，很快便失去耐心。他们做什么事都是三天打鱼两天晒网，从事什么职业都不能善始善终。他们所受教育的程度与他们的智力不相符，所以很多人找不到工作。有些病情不大严重的人事业很成功，赚了很多钱。一些边缘型精神障碍患者能够晋升到管理高层。他们只做自己喜欢做的事情，碰到非常重要的事情，他们会热情主动，表现出创造精神。然而，与他人协作不是他们的强项。

但也有一些边缘型障碍患者，他们在某些社会职业中，例如在照顾病人方面，能做到全神贯注、全力以赴、舍己为人。

星球大战

和边缘型障碍患者谈恋爱常常是一场灾难。这些人爱得很热烈，但时过境迁好景不长，很快便移情别恋，新的伴侣又随即亮相。分道扬镳是通常的结局。

边缘型障碍患者把人分为好人和坏人，不好不坏是没有的。对他们来说，一个昨天还是地球上最重要、最可爱和最人道的人，到今天就变成古今中外最坏的流氓。

他们害怕孤独，尤其是在晚上，就像怕鬼的孩子。另一方面，如果自己身边有个伴侣，他们会突然讨厌他的靠近。他最好离开，走得越远越好。"我讨厌你——别离开我。"这种亲近和疏远的急速变动，叫作亲近和疏远的冲突。

在边缘型障碍病人当中，经常发生这样的事情：一个男的爱上一个女的。奇怪的是，这种关系时而十分稳定，时而又充满冲突，就像儿童动画片《天线宝宝》（ *Teletubbies* ）之后，随之而来的是《星球大战》（ *Star Wars* ）。

在《一次严重的事件》（*Eine virhängnisvolle Affäre*）这部电影中，亚历克斯（由格伦·克洛斯扮演）从一个情人变成一个怪物。在和一个已婚男人的露水情之后，她的爱人便销声匿迹。她为了引起轰动，把自己的手腕切伤；擅自跑到他的办公室；在早晨4点钟打电话吵醒他；偷偷地跟踪他的妻子和女儿。

反常的性生活

边缘型障碍患者常有严重的性生活问题。这毫不奇怪，因为频繁的性生活和障碍的产生有关。

边缘型障碍患者搞异性恋，每隔几个星期或几个月便更换伴侣，这属于正常现象。此外，他们会尽一切可能玩各种花样的性游戏：异性恋、同性恋、两性恋或"越轨的"性行为。美国的边缘型障碍研究者奥托·克恩伯格（Otto Kernberg）称边缘型障碍患者的性生活为"多形变态性生活"。我们经常见到反常的性偏爱，如物恋欲（使用如红色丝内裤或黑皮靴子等衣物引发性冲动）、异性服装癖（穿异性的服装）、异性转化欲（性别转化的愿望）、恋童癖（对同性或异性儿童的性欲）、受虐狂（以受虐待为快）或施虐淫（通过折磨他人获得性快感）。这类人当中的一些人因性欲无度而受苦，这就是说，他们不断地追求性生活。但也有一些人，他们的性反应受到严重妨碍，不能进行这方面的活动。

尤其典型的是，边缘型障碍患者对自己的性生活几乎永不满意，部分原因是他们常常不清楚自己的性要求。所以在他们当中"抑制性同性恋"的例子并不罕见。抑制性同性恋被看作标准的变种，不属于精神病理学的障碍范围，而在抑制性同性恋中，可以找到一种神经症障碍和对异性的畏惧。在寻求爱情、安全和肉体接触时，他们偏爱于同性的对象，作为"第二选择"。

放荡的、常常是乱交的性行为，在边缘型障碍患者当中并不是绝无仅有。一些有这种病症的人受雇成为牛郎或妓女。另一方面，许多妓女谈到，她们在年轻时遭到过强奸和乱伦。联系到在边缘型障碍患者中性侵犯经常发生，这在开始时难以理解。人们宁可认为被强奸的女孩很害怕和男人发生关系。对这种奇怪的现象有一种解释，和男人有过负面经历有时会走向反面。有过被强奸经历的妓女当中，不少人充满对男人的仇恨。她们把嫖客的钱骗光，控制、制服、侮辱或惩罚他们。她们过去是暴力的牺牲品，现在以其人之道还治其人之身。也许卖淫可以理解为一种自我惩罚，就像自残行为一样。只有这样，才能理解为什么有些女人被奸淫后，又一次甘愿当牺牲品，去做皮条客的情人，尽管他丧尽天良，对她拳打脚踢百般凌辱。

许多边缘型人格障碍患者所特有的自恋，促使她们出来卖淫，因为一个妓女被无数男人所渴求。而这些女人时常还有毒瘾，她们要搞到大量的金钱。所以很容易理解，为什么许多有这种障碍的女人被雇来充当妓女。

边缘型障碍的魅力

可能有人认为，既然边缘型障碍患者如此品行不端，没有一个正常的人会同情和喜欢他们。但情况恰恰相反：有这种精神障碍的人，常常靓丽夺目，令人热烈追求。他们锋芒毕露，对周围魅力四射，光艳照人，令人迷醉，可谓回眸一笑百媚生。他们散发出来的吸引力使他们深入人心，备受赞扬和崇拜。

有一种现象对许多精神病医生来说还是个谜，还需要继续进行探究。边缘型障碍患者往往美貌绝伦。这一方面是因为，他们很懂得如何搔首弄姿，把自己的最佳状态示人；另一方面，这和他们的自恋行为有关。但可能还有其他原因，这点我们以后将会看到。

他们常常利用自己的影响力。虽然他们难以控制自己的感情，却像发出超声波引航的蝙蝠，设法探索别人内心的秘密。他们千方百计驱使他人去做违反本性的事情。

这些人对他人所产生的魔力有时是可怕和危险的，在我们医院发生的下面的故事，是很好的说明：

索尼娅（Sonia）多次企图自杀，政府派了个叫哈拉尔德（Harald）的护理员照顾她，当她的自杀行为十分危急时，他可以当机立断把她送到精神病院。哈拉尔德是青年福利局的工作人员，两个孩子的父亲。后来日久生情，他爱上了病人索尼娅。一个进退两难的情况出现了：如果他们的关系被公开，哈拉尔德就会被解雇，他的家庭也会遭到破坏。可是他和索尼娅情投意合，无法分开。后来索尼娅说服哈拉尔德和她一起自杀。他们商量好从一座高楼上一起跳下。护理员先跳下去后，索尼娅却突然失去勇气，她悬崖勒马，没有和他共赴黄泉。

因吸毒神志不清

斯温（Sven）脑袋嗡地一声醒了过来，寻找一种叫安非他明的药片。他离开了房子，去找他的朋友乔伊（Joe）。半路上他进了超级市场，偷偷把一瓶杜松子酒放进大衣口袋，在收款处只付了买香烟的钱。他到了乔伊的家，看见一群人轮着抽大麻，一轮接一轮地抽下去，喉咙干了就用啤酒去浇灌。斯温把杜松子酒瓶给大家传递

　　　　　　　　　　　　　隐　疾

下去。一个叫莫里斯（Maurice）的阿尔及利亚人这时候走进房子里。他把带来的可卡因摊放在桌上。在场的人用 5 欧元的纸币卷成圆筒，迫不及待地往鼻子里吸毒品。莫里斯拿出一个偷来的手机，斯温答应把它卖给一个熟人，但要收一点儿辛苦费。对于可卡因的费用和手机的转手费有过小小的争吵，但酒过三巡后，一切又风平浪静了。

患边缘型障碍的人，时常饥不择食，弄到毒品就滥用。这种癖好使毒品的毒性倍增。他们有千百种理由去麻醉自己，恐惧和忧虑使他们过着生不如死的生活。他们滥用酒精或镇静药品使自己飘然若仙，海洛因或可卡因使他们的心情舒畅起来。他们在无精打采、萎靡不振时用兴奋剂克服；孤独寂寞时用摇头丸对付；滥用过量的大麻引起恐慌时，用安定或酒精去遏制。反正是一有情况就把它压下去，然后又出现新的情况，如此反反复复。

欧洲对海洛因的依赖最为严重，它也最具破坏力。谁沉溺于这种毒品，身体就再也无法摆脱它。注射后的半天内，海洛因瘾君子就会惶恐不安，浑身软弱无力，哈欠不断。他们还会不寒而栗，毛发直竖，骨头疼痛，痛哭流涕，还会肚子疼，胃抽搐，呕吐不停，全身发抖。

他们为海洛因而活着。为搞到购买毒品的钱，男人去偷盗犯罪，女人去站街卖淫。所有的道德观念都被抛到九霄云外。他们拆走朋友车上的收音机，偷走家里祖传的秘方，抢走母亲所有的积蓄，为了金钱打死奶奶；去乞讨，去偷盗，去欺骗。

对烈性毒品如海洛因，为什么有人如此上瘾呢？边缘型精神障碍是主要原因之一。只有一部分边缘型障碍病人有毒瘾；与此相反，几乎所有毒瘾很深的瘾君子，都深受边缘型障碍之苦。我至今见过的海洛因瘾君子当中，几乎所有的人至少显示了部分的边缘型障碍病状。

边缘型障碍和毒瘾的结合成了个问题，它使治疗变得艰难无比。病人知道他们的毒瘾很糟糕，但也清楚地认识到，没有毒品他们也好不了多少。如果他们经过费劲的治疗，毒瘾有所减轻，边缘型障碍的旧症状又重新出现，他们依然惶惶不可终日，身心备受折磨，生活变得无法忍受。因此，重新吸毒是件早晚的事情。在毒品咨询中心工作的人注意到，在他们的病人当中只有极小部分真的克服了毒瘾。他们反复向医生保证永远远离毒品，却又偷偷继续服用麻醉药品，在验尿时弄虚作假。他们让几个医生同时开出使人上瘾的药品。当几次戒毒治疗失败后，医生给他们最后的机会时，他们却轻率地错过这个大好时机。

治疗这些吸毒者通常是件几乎无法完成的苦差事。这些精神病医生勇于接受治疗这些病人的任务，但一次又一次地认识到他们的努力是枉费心机，甚至一切都要从头开始。当他们刚刚认为病人的病情会稳定几个星期时，结果病又重新复发，而且还严重得多。

毒品问题往往被轻描淡写，因为这样只需设立数量有限的床位，就可以接纳治疗所有的瘾君子。但这还不是事情的关键，更为糟糕的是，大多数关键性的戒毒治疗常常因为患者不合作而失败。他们不是不懂吸毒将毁掉他们的一生，但他们陷于进退两难的局面：一方面他们看到毒品的致命危险，另一方面又觉得没有毒品的生活没法忍受。

有谁注射了海洛因，就等于和魔鬼打交道。他可能搞到掺假的海洛因，死于混合毒品的效应；也可能得到特别纯的货品，由于无知而服用过量的毒品，结果也命赴黄泉。他也可能在注射时受到污染，传染上丙型肝炎或艾滋病病毒；还可能被另一个吸毒者抢劫和谋杀。大部分的海洛因使用者都清楚地意识到这些危险。他们之所以对这些危险熟视无睹，是因为他们往往认为生不如死。边缘型障碍患者并不贪生怕死。和他们相反，心理健康的人珍惜生命，不会出于好奇去尝试像海洛因那样致命的毒品。

大麻、摇头丸和麦角酸二乙基酰胺在杀伤力方面不及海洛因和快克（Crack)。青年人喜欢尝试麻醉品，首先陷入所谓软性毒品的陷阱。如果有人尝试像海洛因这样的硬毒品，而且乐此不疲，常常是因为他们有人格障碍或其他精神病。因为只有深受恐惧、抑郁和绝望折磨的人受到的压力是如此之大，以致使他们毅然吸毒，铤而走险并视死如归。

有人格障碍的人不仅滥用被禁止的毒品。酒精这种合法的上瘾物也毁灭了许多人。此外，有些处方药常常使人上瘾，它们包括止疼药如吗啡，止咳药如可待因，安眠药如安定片。

除此而外，还有一种"无毒的癖好"：有些人在赌场里或老虎机旁输到倾家荡产。工作狂把全副精力投入事业中，甚至到了走火入魔的地步。购物狂消费无度，结果负债累累。还有一些盗窃狂，不由自主地去偷盗。另一些人则纵容性欲，不断追求色情艳遇，弄到身败名裂也在所不惜。

就其广义而言，自残和割臂都是一种癖好。这种自我残害的方式和癖好有很多共同之处：这种行为虽然后果严重，但其实施是强制性的。如果在此以前曾遭受过挫折，这种行为就更加不可控制。在割臂后这些人就感到如释重负，好像打过一针海洛因。

自食其恶果

劳拉（Laura)，18岁，只有34公斤重，看上去像个幽灵。虽然这样，她还认为自己太胖。她几乎什么都不吃，因为她无论如何都不让自己的体重增加一克。而她整天想的就是吃东西。她常常在简单地进食后就把手指伸到喉咙里去，让自己把食物吐出来。为了继续消瘦下去，她每天慢跑半个钟头，服用泻药和抑制食欲的药。她在冬天穿着单薄，为了在寒冷当中消耗更多的能量。她的父母、老师和朋友都提醒她，别让自己太瘦了。医生警告说，她的饮食行为损害到她的心脏、肾脏和大脑，最后必死无疑。所有这些忠告她都当作耳边风。

劳拉患的是厌食症。得这种莫名其妙的病的人，对体重的增加极为恐惧。有这种病的女孩或女人本来已经骨瘦如柴了，但还以为自己丰满过人。

食欲不振成了边缘型障碍的一种症状，但它也有单独出现的时候。患厌食症的女子比男子多得多。消瘦成瘾的女子有十分之一死于这种病，这是饥饿造成的后果，或者是一种自杀行为。

一种和厌食症十分类似的病症是食欲过盛。有这种病的女人狂饮暴食，毫无节制地把冰箱里的一切都往自己的肚子里塞。然后又感到内疚，把一切都吐出来。这些女人并不太瘦，身体在过重和正常的重量之间。

心灵惊恐万分

斯特凡尼（Stefanie），我的一个女病人，患有边缘型人格障碍，害怕黑暗、蜘蛛、登高、牙医、人群、狭小空间和暴风骤雨。她虽然长得娇艳可人，却认为自己的脸令人讨厌，鼻子使人反感。

虽然边缘型障碍患者喜欢冒险，但是又饱受恐惧的折磨。例如，他们害怕死亡的恐惧突然发作（和害怕人群有关）。在他们当中也可以找到一种社会恐惧症。有这种症状的人极其害怕别人的负面评价，也害怕成为众矢之的。在这种综合征中有时还可以找到社会恐惧症的一个变种，莫名其妙地害怕面孔丑陋和被人丑化。此外，边缘型障碍患者会表现出全身恐惧障碍（对各种各样的危险过分害怕）。好像受到边缘型障碍的打击还不够，在许多病人当中还有如洁癖那样的强迫症。在这种强制下，这些人不由自主地长时间洗手，洗完后还怀疑手指上有传染病菌。

在其他人当中，这种恐惧或强迫障碍表现为独立的疾病；但在边缘型障碍患者当中，这些障碍也属于症状的一部分。

对童年的回忆

在有边缘型障碍的病人身上看到的一种罕见的退化现象。精神病大夫指出，这种现象是一种追忆儿童世界的倾向。一个32岁的女子，床上放着一大堆毛绒动物，靠吃炸玉米片、零食和棒棒糖生活。她还常看连环漫画，听儿童故事录音带。

此人不知不觉地回到童年时代，在那时，一切精彩纷呈，妙不可言。她在花园中玩耍，心花怒放，一直跑到公园的大门口玩耍，结果错过了电视节目《芝麻街》的一集。

有边缘型障碍的病人想方设法使自己青春长驻，风韵犹存，掩盖自己的实际年龄。他们想倒拨时钟的指针，使时光倒流。

灵魂的得救

有边缘型障碍的人企图借助宗教的帮助，治疗自己支离破碎、饱受折磨的灵魂，这是可以理解的。因为他们失去了对他人的信任，渴望有崇高的生物给他们支持。他们典型的做法不是通过传统的宗教寻求拯救，而是参加外国文化的教派，信奉佛教、犹太神秘教或伊斯兰教教义。还有人加入教派军团，如所谓科技组织。这些团体中的严格外来控制迎合了过着混乱生活的他们的要求。在信奉撒旦主义或巫婆崇拜等神秘教义的社团中，时常碰到有人格障碍的人。

虚幻的世界

"我不是我自己，"常听到边缘型障碍患者这样说，"我觉得自己好像在一部虚幻的电影中，周围的一切都是不真实的。"这种感觉被称为"失去自我感"和"反现实化"。这些感觉使人产生这样的印象：自己不在现场、没有感觉、不能控制自己的思想和说话。身体就像个脱线的木偶，难以控制。现实看来好像是假的，自己如坠五里雾中。

有时当然这比较罕见——有边缘型障碍的人会产生幻觉，如听见不存在的声音。精神病医生会怀疑这是一种精神分裂症。区别在于，大多数边缘型障碍患者知道这完全是幻想错觉；而精神分裂病人觉得一切都千真万确，他们毫不怀疑自己被跟踪、监视和盯梢。

这些在少数病人身上出现的偏执狂病征可能是"边缘型精神障碍"的原因。过去神经科医生把精神障碍分为"神经官能症"和"精神变态症"。恐惧症等疾病被称为"神经官能症"；精神分裂等病征被称为"精神变态症"，其病人受到幻觉（如听见声音）或被迫害妄想的困扰，苦不堪言。因为有边缘型障碍的人也会产生被迫害的妄想，人们会想，这是在边缘型障碍范围内，在神经官能症和精神变态症之间的一种病症。但在今天看来，边缘型精神障碍和称作精神分裂症的精神病无关。一方面，这些病的病征有很大的区别，而且边缘型障碍患者的偏执狂想和精神分裂症比较起来，不够突出，也较为罕见。但在另一方面（这更为重要），今天人们认为，这两种病的原因迥然不同。因此，"边缘型"这个概念被正式取消，而用"情绪不稳的人格障碍"取而代之。尽管如此，本书还反复使用"边缘型障碍"这个词。因为词太长了用起来十分麻烦，所以精神病医生一般弃之不用。

误入歧途

> 我们看到一个女子，她和蔼可亲地向我们问候。这时我们焦虑不安地想：要不要和她认识一下？她从哪儿知道我们的名字？一部电影，如果我们看过四遍，总会发现过去没有注意到的东西。我们断定，我们要做的有些事情已经有人完成在先。要是我们当中有人自残了，我们事后再也想不起来。我们已有几十个人，不久前又有一群新人出现在我们当中，有关他们的存在，我们至今一无所知。

这几行字写自同一个人，她叫自己埃莉奥诺乐（Eleonore）、丹尼拉（Daniela）、萨拉（Sarah）、赫克斯（Hexy）、丽塔（Rita），如此等等。她受一种可疑的现象困扰，这种现象叫作"多重人格障碍"，专业用语称为"变异身份障碍"。有这种障碍的人不断变换自己的身份，而这些身份彼此之间只是偶有相似，或根本毫无联系。当埃莉奥诺乐准时去上班时，丹尼拉却赖床不起。萨拉突然离开她的工作岗位出外旅行，对后来发生的事情忘得一干二净。丽塔性欲不振，喜欢一个人独守闺房。赫克斯今天和一个男人、明天和一个女人上床。一个人所干的是另一个人从来不敢干的事情。

这种现象与边缘型障碍密切相关。因为在这些人当中大多数都有这种人格障碍的所有症状。有些心理学家这么说：这种变异是童年被性侵犯的后果。它是内心的一个尝试，不让过去的严重事件重演。有人断言，如果父母当时否认或隐瞒发生过的事情，这种变异特别容易发生。于是他们的孩子就以为这些暴行与己无关，而是发生在别人身上。但这种关联从来都没有得到证实。

1906 年，美国精神分析家莫顿·普林斯（Morton Prince）第一次描写了这种神秘的疾病。但直到 20 世纪 60 年代，这种现象才得到世界范围的注意。1972 年，在美国出版了由英语教授弗洛拉·里塔·施赖伯（Flora Rheta Schreiber）写的《西比尔》（*Sybil*）。这是一篇关于有多重人格障碍的妇女的报告，成了一本畅销书。后来又有其他有关这种多重人格障碍的描写。这本书后来被拍成电影，由莎莉·菲尔德（Sally Field）担任女主角。

西比尔的心理分析家威尔伯（Wilbur）博士，把她的女病人的障碍归因于童年时所受到的性侵犯。在治疗的十一年中，西比尔先后使用了十五个不同的名字：佩吉·安（Peggy Ann）、佩吉·卢（Peggy Lou）、维多利亚·安托瓦妮特·斯特利奥（Victoria Antoinette Scarleau）、马西娅（Marcia）、玛丽·卢（Mary Lou）、两个男青年的名字迈克（Mike）和锡德（Sid）、范那萨·盖尔（Vanessa Gail）、南希·卢（Nancy Lou）、西比尔·安（Sybil Ann）、巴比·鲁希（Baby Ruthie）、克拉拉（Clara）、海伦（Helen）、马乔里（Marjorie）和"金发女郎"。

该畅销书出版后，多重人格障碍的现象风靡整个美国和其他国家。这时在医生中间流传着一个笑话："一个精神病医生有一个病人，他一共用了 112 个不同的名字挂号。当他到收费处为所有的人结账时，整个事件才真相大白。"

人们讨论了很长时间，题目是：多重人格障碍是否真的是童年被抑制的创伤的后果；问题涉及精神分裂的现象吗？还听到专家的声音，他们怀疑真有多重人格障碍这种疾患。他们认为这种所谓美国的流行病，是由喜欢炒作的记者或精神病医生为了耸人听闻而杜撰出来的，或者是那些受蒙蔽的治疗医生由于过分热心，有意或无意地提及的障碍。他们长期和病人谈话，直到他们错误地相信这种障碍确实存在，西比尔的确是性侵犯的牺牲品。关于虚假回忆的病状，以后还要谈到。

奇怪的是，这种现象在此之前几乎从未在精神病学教科书中描述过。1973年以前，在著作中公布的案例还不到五十个；1990年却诊断出两万个"多重人格障碍"患者。如果真有这种障碍，它肯定不会像捍卫这种理论的人所声称的那样频繁出现。

有些犯罪分子甚至利用还不确定多重人格障碍是否存在的情况，公然声称由于他们在作案时处在另一个人格状态，所以没有负责的能力。一些存心不良的律师向违法分子面授机宜，传授这种策略。

我认识一个边缘型障碍女患者，她好像具有多重人格障碍的所有症状，后来却向我承认，她编造了整个故事，是为了把我引入歧途，并以此开了个大玩笑。

最后我不禁怀疑起来。如果这种现象经常出现，那么在我数以千计的病人当中，至少会有一个真正"多重人格障碍"的病例。因此，当有一天在报刊上出现一条惊人的消息时，我并不感到奇怪。

女病人西比尔，她的真名是雪莉·梅森（Shirley Mason）。在她去世时，她的分析家威尔伯博士和给她写过书的作者施赖伯已去世很久。有一天，纽约心理学家罗伯特·里伯（Robert Rieber）在他的办公桌里找到了威尔伯给西比尔看病的录音带。施赖伯曾把录音带交给他，让他进行评估，但他很长时间无暇顾及，因此把它放在抽屉里一直没有听过。1997年，也就是在二十五年后，他仔细听了录音带，惊奇地发现，里面没有提到西比尔真的患过多重人格障碍。相反，威尔伯曾试图使她易受影响的病人相信她有不同的身份，并和她练习表演这些人物，这违反了她本人的意愿。西比尔甚至给威尔伯写过一封信，表明她拒绝拥有不同的身份。虽然如此，威尔伯企图借助催眠术或"麻醉药品"硫喷妥钠，促使她承认这些多重的个性。

在录音带上还有威尔伯和施赖伯的谈话记录。谈话明确显示，当时这两个人心知肚明，他们在蒙蔽大众。

在治疗医师威尔伯不在时，纽约精神病医生赫伯特·施皮格尔（Herbert Spiegel）就成为西比尔的代理主治大夫。他曾对该书的作者施赖伯说，他怀疑西比尔是个有多重身份的人。早就想公布该病例的施赖伯反唇相讥说："如果不称之为有多重身份的人，出版商肯定不干，因为这样的书根本卖不出去。"

性侵犯

边缘型障碍是怎样染上的呢？大多数出版物首先把童年时受到的精神创伤看作情绪不稳的原因。多达 80% 的病人在调查中都谈到青少年时期所受到的性侵犯。

当然要考虑到：没有受任何心理障碍折磨的人，有的在童年时也成为性侵犯的牺牲品。为了弄清楚边缘型障碍是否由性侵犯引起，只把事件看作个别人的命运是不够的。要找一大群有边缘型障碍的人，和同样大的一群健康的人进行比较，因为精神健康的人也可能在童年经历过不幸的事情。令人惊讶的是，这样一个比较简单的调查长期以来就没人做过。虽然曾对边缘型障碍患者和其他精神病人——例如和其他有人格障碍的人——进行过比较，但缺少和一群健康的能控制自己的人进行比较。因此，我们第一次在哥廷根大学精神病医院将其与一群没有精神负担的人进行了比较。

这样一来，首先证实了童年时期受到性侵犯的人数目之多。在我们的调查中，74% 的边缘型障碍病人告诉我们，他们在童年时期遭到过性侵犯或性骚扰，至少 60% 的病人遭到性侵入。在有边缘型障碍的男人当中，也有 44% 谈到了性侵入。我们也采访过健康的人，他们当中只有 6% 遭到过性侵犯（2% 是性侵入）。如果作案人是近亲（例如父亲、叔叔或兄弟），性侵犯的后果好像特别严重。因为在这种情况下大多会发生反复的侵犯，受害的儿童无法进行反抗。

这些数据似乎可以证实：对儿童的性暴力是形成这种严重疾病最主要的原因。这也可以解释为什么女性边缘型障碍患者比男性多得多；也可以说明这些人为什么常常害怕性交，至少可以解释性生活障碍的原因。有边缘型障碍的女孩常有消瘦病，这也可以用性侵犯进行解释：一个长成女人样子的少女很害怕自己的丰乳肥臀会引起男人的注意，可能招来危险，想通过减肥把这些妇女的标志去掉。这同样可以解释有些妇女的狂饮暴食：她们想用"脂肪盔甲"挡住男人贪婪的目光，以保护自己。

这样也令人信服地解释了边缘型障碍患者的自残行为：性侵犯的牺牲品下意识地要自己对童年时发生的事情负责，并耿耿于怀地要惩罚自己。

当然，就像我们下面所说的那样，不能把性侵犯看作边缘型障碍的唯一原因，加拿大精神病医生帕里斯（Paris）对此毫不怀疑。他在大量的调查中，把边缘型障碍病人和其他人格障碍患者进行了比较。边缘型障碍患者受到精神损伤的比较多，但在其他人格障碍病人中也不少见。帕里斯由此得出这样的结论：在三分之一的病人当中，严重的精神创伤或所受的虐待在障碍的产生中起了重要作用。他还提出，大部分被性侵犯的儿童（大概占 80%）在到成年人的年龄时根本不会有精神障碍。

性侵犯可能（但不是必然）导致精神障碍，这个公认的看法被一些精神病医生和心理学家绝对化，这是不能容许的。他们声称，所有的精神障碍都是因性侵犯而产生的，但其牺牲品时常不再知道这一点，因为他们把一切都抑制住了。"抑制"这个心理分析概念的意思是：一件坏事被挤到大脑的一个封闭的角落，受害人再也回忆不起来了。和"忘记"不同的是，"抑制"也意味着：在大脑中被束之高阁的"记忆"尚未完全消失；恰恰相反，这些"记忆"会本能地反复出现，引起恐惧和抑郁等病状，不断制造麻烦。心理分析的意义在于，把这些无意识的"记忆"揭露出来，使其浮到表面，从而消灭症状的根源。

于是首先在美国涌现出一个治疗浪潮，热心的精神病治疗医生努力使他们的女病人相信，她们的父亲强奸过她们。本来她们在治疗前和生父的关系很好，无论如何也不会想到这样的事情。

在一个案例中，有一个名叫贝思（Beth）的年轻女子突然离家出走，原因是她的治疗医生使她相信，她的当牧师的父亲曾经强奸过她。后来的一次医院检查表明，她还是个黄花闺女。贝思控告了这个医生，获得 100 万美元的赔偿。

过了多年后忘记了被人性侵犯过，这种情况看来有可能，但极为罕见。记忆研究者——例如心理学和法学教授 F. 洛夫特斯（F. Loftus）——今天认为根本就没有什么压抑现象。但另一方面，使一个人相信从来没发生过的事，这是完全可能的。多达 80% 的边缘型障碍患者在调查中表明，他们记得性侵犯，就是说，他们没有压抑过什么东西。这件事最能反驳所谓压抑的理论。

总之，可以把性侵犯看作多种可能的条件因素的一个，但如果把它看成唯一的原因，那就差之毫厘，谬以千里。

奇异果

比利·埃莉奥诺拉·霍利迪（Billie Eleonora Holiday），1915年出生，1959年去世。在那个时代她是最有名的爵士乐女歌手。

她的童年是场梦魇。她出生在美国的巴尔的摩，是一个女佣和一个吉他手的女儿。她曾回忆道："爸爸和妈妈结婚时，他们还是两个孩子。他18岁，她才16，我当时3岁。"比利被她的父母冷落，和她的祖母关系密切。在6岁的某一天，她在祖母的双臂中沉睡，第二天早晨醒来，发现自己躺在一个死人的怀抱中。别人不得不把死尸的两只胳膊拉开，把孩子从紧抱中解救出来。此后她在一个表姐的身边长大。这个表姐在肉体上虐待折磨过她。比利在10岁时便被一个邻居强暴。案犯被捕入狱，但小比利也被一起抓走，因为她"到处漂泊流浪"。她被送到一个教会为犯罪青少年开办的机构，里面的状况令人毛骨悚然。例如有一次她被罚，在一个刚死去的女人身边睡了一个晚上，又一次和可怕的死人面面相觑。

她12岁时在一家妓院当清洁女工，13岁回到了纽约，在那里靠卖淫为生。有一次她拒绝接待一个和警方来往密切的歹徒，结果被抓进监狱，在那里蹲了几个月。

霍利迪也被称为"迪女士"，她从来就不是个知足常乐、心理平衡的人，一生饱尝抑郁之苦。她结过三次婚，但没有一次是幸福的。男人们肆无忌惮地蹂躏她，对她拳打脚踢。她有过许多露水情人，但从未找到过一个可靠的伴侣。

种族隔离也给她带来很多麻烦。她属于第一批和著名白人爵士音乐家——就像本尼·古德曼（Benny Goodman）和阿尔蒂·肖（Artie Shaw）——同台演出的黑人女子，在舞台上是个深受欢迎的明星。但在俱乐部和饭店演出时，不得不使用送货入口或运货电梯。黑人交响乐团团长巴锡（Basie）荒谬地要求她在演出时把她较白的皮肤染黑些，以便和乐团的其他音乐家一致。她最有名的一首歌是《奇异果》(*Strange Fruit*)。这首歌曲反对三K党（用私刑迫害黑人和进步工人的美国恐怖组织）的非法行为及其种族仇恨；勇敢地控诉当时的种族隔离。

她的特长是演唱节奏缓慢的摇摆舞曲，声音扣人心弦、多愁善感。她唱的都是些心平气和但节奏强烈的歌曲，表达了她全部生活的痛苦。淫荡的爵士乐、特别的短句和刚柔相济的声音，使她成为非同凡响的女歌唱家。

在她身上，我们可以看到构成边缘型障碍的所有因素：童年的可怕经历、受到性侵犯、情绪沮丧抑郁、朝秦暮楚的伴侣关系，以及对毒品和酒精致命的癖好。她25岁便酒不离手，滥用大麻，接着吸食鸦片，不久后又沉溺于海洛因。1947年，她由于私藏海洛因被判入狱八个月，此后多次进入戒毒所，又多次旧病复发。

1959年，她在44岁时因心脏病和肝功能衰竭而昏倒。在生命垂危之际，她因为收藏海洛因而被警察逮捕。最后她死于戒毒造成的后果。在她的长筒袜内藏着750美元70美分，这就是那个时代最著名的爵士乐女歌唱家匆匆离世后所留下的一切。

有没有边缘型障碍基因

引人注目的是，许多边缘型障碍病人的父母也受过这种人格障碍之苦。如果有一个嫡亲也有这样的病，那么染上边缘型障碍的风险就增加三倍。

现在可以这样认为，人的品质是可以通过家庭环境从父母转移到孩子身上的，孩子们学父母或周围其他人的样子，就学到边缘型障碍的症状，根本无须基因起作用。这种障碍是通过父母的行为方式，还是直截了当地通过遗传而产生？这个问题对治疗来说并不是无关紧要的。因为如果母亲的冲突对于障碍的形成不起重要的作用，那么处理这种冲突又有什么用呢？

怎样才能弄清家庭环境起多大作用，遗传性又起多大作用呢？有人进行过研究，比较过单卵和双卵的双胞胎，这种研究有很大的帮助。单卵双胞胎彼此相似，就像一只鸡蛋和另一只一样；双卵双胞胎的遗传份额不比兄弟姐妹多（单卵双胞胎拥有100%同一基因，而双卵双胞胎只有50%同一基因）。进行这样的分析时，检查某个有边缘型障碍的人是否有一个有同样障碍的双胞胎。一致的程度称为特征的相似性。如果在双卵双胞胎当中各自的对方也经常出现人格障碍，那么其周围的人、教育和其他环境因素也可能成为原因；但如果同样的病在单卵双胞胎的基因相似者身上，比在双卵双胞胎的基因相似者身上出现得经常得多，那么基因就有责任。挪威的遗传研究者塞文·托格森（Svenn Torgersen）进行过这样的研究，调查了221对双胞胎。在单卵双胞胎身上，他找到35%相似特征，在双卵双胞胎身上，这种相似特征只有7%。这个明显的区别证明了基因的影响。托格森计算出病症的遗传性几乎达到70%。

有了这些认识，人们就开始考虑。此前十分清楚，大部分的边缘型障碍病人都说曾受到过性侵犯，但现在却产生了这样的印象，遗传对此负有责任。究竟哪种说法才是正确的呢？怎样才能把这些认识联系起来呢？偏偏那些身上已带有人格障碍基因的孩子成为性侵犯的牺牲品，这是多么稀奇的偶然事件啊！

是这些有边缘型障碍的病人臆想出性侵犯的故事吗？他们恰恰不是以爱说实话著称的，而且常常说他们的父母或其他人的坏话。心理分析发明人弗洛伊德首次表达了一种猜想。弗洛伊德一开始认为，性侵犯也影响了这些疾病（"引诱理论"），在他以后的作品中，他却认为根本就没发生过性侵犯的事情，毫无例外都是病人幻想出来的。这当然是个严厉的谴责。你想象一下，假如你在童年时期被强奸过，却被指责编造了这个故事，你有何感想？

对于遗传因素和童年受过伤害之间的神秘关系，还可以有其他的解释。边缘型障碍病人大多数来自遭到破坏的家庭。一方面可以想象，那些在童年是性暴力牺牲品的人，后来自己又成为作案人——这种情况屡见不鲜，一个曾受到过他父亲性侵犯的父亲，后来又强奸了他的儿子。要从心理角度去解释这种角色变换虽然是困难的，但我们大脑的思路往往是深奥莫测的。

然而，关于这种神秘的关系，其他的原因也是可以想象的。如果有人在这种不利的社会环境中长大，成为性暴力牺牲品的机会就会增加。如果父母已经有了边缘型障碍，由于和社会未能很好地融合，又加上经济拮据，他们不得不搬到一个条件差的地方，这样变成性犯罪分子牺牲品的风险也就增加。

除此以外，有边缘型障碍的父母由于病情严重，对他们的孩子往往照顾不够。有时他们要在医院治疗一段时间，于是分离的时间就更长些。或者有边缘型障碍的父母因为他们的关系维持不久，所以不得不单独把孩子抚养成人。他们因为自己的障碍已经忙得够呛，所以不像心理健康的父母那样关怀备至和认真负责。于是可能发生这样的情况，歹徒专门选择父母照顾不周的孩子作为牺牲品。通过多种风险的共同作用，有可能解释在遗传因素和童年创伤经历之间的关系。

谁之过

有些学者把边缘型障碍的产生归咎于缺乏爱的教育，因为边缘型障碍患者很少谈及自己在慈爱和平安的气氛中度过美好的童年。在我们已提及的调查中，边缘型障碍病人在一份问卷中表示，他们对父母的不满意程度大大超过了健康的人。他们把父母形容为严厉无情、性情暴躁、性格懦弱、发号施令。

当然，对这些调查结果不能全信。倘若有边缘型障碍患者说，他们在童年时受到别人更多的殴打，可以把这种对身体的暴力看作疾病的一个真正的原因。但也有一个可能，这些边缘型障碍病人从小忤逆不孝，所以父母煞费苦心，才迫使这些野小子就范。父母在孩子屡教不改时就会气急败坏伸手要打。当警告无效时，他们就转而采取更为严厉的教育措施。对身心健康的孩子，父母没有必要这样做。换句话说：较为严厉和粗暴的教育方法不是产生障碍必然的原因。

在这些研究中，通过询问调查病人的童年，并且相信他们的陈述。就像前面说过的那样，边缘型障碍病人不总是诚实地说出真正发生过的事情，这是众所周知的。他们觉得自己被人嫌弃，害怕遭到拒绝。一般来说，他们更喜欢说父母的坏话。当他们回首往事，称父母无情无义，说他们常被拳打脚踢，这可能是他们主观的感觉，不一定符合事实。

这样的调查结果可能间接地受到媒体的影响。一个边缘型障碍病人在填写一份有关其童年的问卷前，寻找他的病症的原因，这时看到书刊写道，错误的教育是疾病产生的原因，于是他就把这种观点变成自己的。然后，这种"知识"就作为客观事实出现在问卷中，结果父母的教育完全被歪曲。

问题是错综复杂的。"边缘型障碍因性侵犯和使用暴力而产生"的解释，是一种简略的表达。童年的性侵犯或凶残的暴力会在人的心灵中造成严重的伤害，这种现象绝不能避而不谈，也不能低估其危险性。如果把这些低估为个别的因素，而不管其危害之大，就违反了事实。

但如果简单地研究两种因素的关系，不去考虑基因和环境的互相影响，那就大错特错了。这一点可以举例说明：一个科学家声称，个儿高的人比个儿矮的人更会计算，他借助于身高和计算能力之间的紧密关系，证明了这一点。可是他隐瞒了这种调查是在儿童身上做的。很清楚，13岁的孩子算得比8岁的好。这样去说明身材高一点儿的人在加减乘除方面的能力大大超过矮一点儿的人。他避而不谈第三个变数，也就是年龄。如果他把年龄因素计算在内，他可能得出关系为零的结果，也就是说，在人体的高度和计算成绩之间没有任何关系。可以确切地说：两种现象之间的密切关系并不能证明其因果关系。

即使这个例子听起来平庸乏味，但科学家每天都犯这个思想逻辑上的错误：专业杂志经常发表文章，通过简单化的相互关系，"证明"大胆的心理学理论。

但现在怎么才能找出边缘型障碍的真正原因呢？既然基因和环境的关系是如此犬牙交错，这样做几乎是胆大妄为。用一种巧妙的统计方法当然可以计算出每一个原因要素的作用。用一种逻辑推导就可以把全部的相互关系计算出来，最后以较大的把握表达出来，在这些风险因素当中，哪一个对边缘型障碍的产生起最大的作用？电脑把那些在两种现象之间的"假关系"过滤出去。这些"假关系"之所以产生，是因为这两种现象通过第三个影响因素相互关联。

我们把调查问卷的数据输入一台电脑，并向它发问："患上边缘型障碍是谁或什么的过错？"

电脑回答道："童年的性侵犯把得边缘型障碍的风险提高 18 倍。但出乎意料的是，这只是次要的影响因素。因为如果你家里的亲戚有精神症的障碍，染上边缘型障碍的风险会提高 22 倍。第三个重要的因素是经常和父母长时间地分离，它使风险提高 4 倍。而不良的教育只能使风险提高约 0.12 倍，几乎可以忽略不计。家庭暴力和酗酒实际上不会使风险提高，难产也不会。"

换句话说：遗传起了最重要的作用，上面所提到的遗传、有问题的社会关系和性侵犯的共同作用，似乎导致了边缘型障碍的产生。

被有些专家列为主要原因的教育在这次调查的结论中所说的作用微乎其微。大多数的边缘型障碍病人在调查中频频诉苦，说他们的父母没有关心过他们的教育。但这种情况不能解释为教育就是边缘型障碍的原因。它只是存在于两种现象之间的一种关联物，可能要通过第三种现象进行调解。这个例子表明不能把风险因素分开来看。今天只有借助于复杂的逻辑推理，才能够看出这些简单的关系是错误的。可是，一代又一代的心理学家和精神病医生都犯这个错误：他们孤立地观察"教育"这个因素，造成一个错觉：不良的教育应对边缘型障碍的产生负主要责任。

大脑中的恶性肿瘤

西格蒙德·弗洛伊德（Sigmund Freud）所创立的心理分析，是心理学研究边缘型障碍产生的第一个流派。

诚然，心理分析家从来没有考虑过如何通过科学研究论证他们的想象。阅读关于边缘型障碍产生的心理分析文章，会注意到这些假设的多样和完善，但它们违背了这样的事实：就连影响父母和孩子关系的非常简单的心理分析理论都没有得到证实。在心理分析中，几乎每位专家都有自己关于边缘型障碍产生的说明，跟他的同事的理论截然不同。但这些考虑几乎从未用数据和事实加以证明。"真正知道了才提出看法"这个科学的原则，被千方百计加以推翻。

为了科学地论证童年时期母亲的某种行为日后会导致一定的病状，要用录像机拍摄成千个孩子和他们的母亲，制成影片记录下来。过二十年后，才能计算出在这些孩子当中有多少患上了边缘型障碍。然后才可以确定，记录下来的母亲的教育行为和以后这种障碍的产生是否存在某种关系。然而，没有人会进行这样的研究，因为它非常劳民伤财，哪一个科学家有兴趣去等候二十年呢？

所有的心理分析理论都认为，和母亲的关系有问题会引起冲突，它就像大脑中的一个恶性毒瘤，引起各种病状，使患者苦不堪言。可以想象，障碍在孩子成长的早期，大概在2—4岁之间发生。因此在很长时间，人们称边缘型障碍为"早期的障碍"。

研究边缘型障碍的一个权威，纽约的心理分析家奥托·F.克恩贝格（Otto F. Kernberg），认为在这种关系中"区分"的理论是非常重要的。根据这种理论，一个婴儿只认识母亲的两种表现：把奶给他的是好妈妈，不把奶给他、让他饿着的是坏妈妈。婴儿把母亲"区分"为两个不同的生物，不晓得这是同一个人。他不知道妈妈好坏兼而有之的道理。一直到了后来，孩子才认识到有一点很重要，就是妈妈不光会喂奶，她还多才多艺面面俱到。

按照这种分析理论，有边缘型障碍的人还停留在婴儿的阶段。他们简单地把人分为好人和坏人，下意识地否认这样的一个事实，就是每个人都有一些好的和一点儿坏的品质。因此,他们时而爱慕时而憎恨同一个人。区分的模式看来很有说服力,因为它可以解释人格障碍患者的某些行为方式:时而接近时而疏远他人的行为,时常怒火中烧暴跳如雷的表现,喜新厌旧的伴侣关系,和他人交往中稀奇古怪的行径。

克恩贝格承认,除了混乱的家庭结构及早期受到的创伤和损害,还有生物因素,例如神经传导系统障碍,也对这些障碍的产生负有责任。克恩贝格改变了某些心理分析家的顽固立场,这些人除了错误的教育以外不承认其他原因(同时也必须承认,一种治疗如果只处理儿时所受到的创伤,其效果是有局限的)。

干缩的小海马

为了找出边缘型障碍的原因,新精神病学另辟新径。他们小心谨慎地尝试找出导致童年的疑难病症的大脑障碍。当然,这种寻找的行动刚刚开始,方兴未艾。

如果遗传因素起了作用,就像现在所显示的那样,那么接着就出现这样的问题:究竟大脑的哪些部分具有引起人格障碍疾患的先天性缺陷呢?人们在大脑的研究中想方设法通过新的技术去探索人格障碍的背景。对那些先进的显像方法如磁共振成像,人们期待有激动人心的发现。这些方法使人看到活人大脑的部分,而又不会以任何形式损害用来实验的人。

经历过悲惨岁月的人常常受精神压抑综合征的折磨。它表现为抑郁、恐惧和对不幸的痛苦回忆。在越南身经百战的老兵饱受过精神创伤和压抑障碍的困扰。美国的学者在透视他们的大脑时,找到一个干缩的海马状的突起。被称为"小海马"的这个突起是大脑的中心区，它参与恐惧和紧张情况的评估，是重要的回忆控制处。在另一次使用显像法的研究中，耶鲁大学的一个科学家分析了童年时曾遭受过性侵犯的人的大脑，在这里也找到了小海马。

这些研究得出这样的结论：造成精神创伤的事件在大脑中留下了看得见、测得出的损伤。它说明创伤过了几十年后，还可能出现严重的病症。现在问题出来了：究竟先有什么，是鸡还是鸡蛋？是因为创伤的经历使小海马干缩了，还是由于大脑中的这个突起，使这些人对令人沮丧的经历的反应比健康人更为强烈？为此，曾对有边缘型障碍的妇女进行过调查。在德国所做的研究表明，小海马也一样变小，当然这不是取决于这些妇女是否有过被性侵犯的经历。一项美国的研究也让人推测到，小海马在这以前就太小：受过创伤的单卵双胞胎显示出这种缩小的过程；但那些没有经历过精神压抑的双胞胎，情况也大同小异。

如果有一天，显像的技术变得更为精确、更加可靠和更容易解释，就能帮助我们揭示人格障碍的神秘背景。

生物化学之神奇

为了发现边缘型障碍的秘密，大脑研究者特别研究了大脑中的介质。这些也被称为神经介质的荷尔蒙，难以置信地调节我们大脑的许多功能，它们把信息从一根神经纤维传递到另一根。许多精神病被归因于这些物质在传递时出现障碍。它们当中最重要的有：血清素、去甲肾上腺素、多巴胺、乙酰胆碱、伽马氨基丁酸、催产素和谷氨酸。

某些精神病，如抑郁、恐惧、强制病征和食欲不振，显然是因为重要的介质（血清素）的传送受到干扰。通过服用药物，加强血清素在大脑神经中的传送，这些疾病可能有所好转。因为这些疾病的所有症状也可能在边缘型障碍中出现，所以在边缘型障碍病人的身上也能找到血清素系统的各种功能故障，这是毫不奇怪的。

就像下面我们将要看到的，在有边缘型障碍的人身上，神经介质多巴胺似乎起着主要作用。

总而言之，可以这么说，在这种神秘的边缘型障碍产生的过程中，一定有多种因素共同起作用：一般来说，是由于家庭的破裂；有些情况下（但不是大多数情况下），是因为童年时期受到性侵害；还有，相当的部分是由于遗传因素。

侏罗纪公园的门票

情绪不稳定的病人在精神病医院中最为常见。他们占用了医院15%的床位。但肯定还存在一个很大的黑数字，许多没有治疗过的病人没有被统计在内。许多这样的病人不认为他们怪异的性格是一种病，所以讳疾忌医不去治疗。一般估计，总人口的1%饱受这种障碍之苦，有这种障碍的女人是男人的三倍。

在医院里挂号看这种病的病人通常都很年轻，年龄在20岁到30岁。初期的病征在青年时代的早期便出现。如果病人到了中年还活着，其病情就会慢慢减弱。边缘型障碍患者当中有十分之一选择自杀结束生命。

不管病人采用精神疗法还是使用药物治疗，通向治疗成功的道路充满艰难险阻。60%以上的病人在半年内便中断治疗。我的一个病人脱口而出说："诊断——胡说八道，治疗——永远无效。"如果想使治疗边缘型障碍有点儿疗效，和治疗医生保持多年的关系十分必要。这种关系使他们学会相信一个人，克服对别人根深蒂固的怀疑。

医生舍己为人努力工作，为使有边缘型障碍的人经过长期会诊病情有所好转。其间他们必须有极大的耐心，因为这种人格障碍比其他的病症更难医治。有时，当治疗医生以为病情终于有所好转时，病人却采取自残手段企图自杀或重新吸毒。

早在 1938 年，美国精神分析学家阿道夫·斯特恩（Adolph Stern）便详细描述了边缘型障碍。他首先想到的病征是病人"既尊敬又蔑视精神分析学家"。他们一方面十分依赖治疗医生，崇拜心理学家；另一方面，又鄙视他们的医生，骂他们冷酷无情、铁石心肠，根本不想真正理解病人。

当一个边缘型障碍病人被送进医院，大部分医护人员的反应是一阵冷嘲热讽："啊，好极了，我们正闲得无聊呢。"因为医生和护士都清楚，边缘型障碍病人都不是省油的灯。如果治疗小组争论不休，那么常常是因为边缘型障碍病人的治疗。碰到有些蛮横的病人，精神病大夫心里就有数：我得到一张侏罗纪公园的门票，有好戏看了！虽然他费尽心机去帮助一个棘手的病人，但这个病人会因为鸡毛蒜皮的小事用恶毒的语言对他横加指责。边缘型障碍病人诡计多端，他们察言观色，刺探医生的私人问题，充分利用这种信息，闯入他们的私人领域，诱使他们做一些医生职业禁止的事，如给一个有毒瘾的女病人开一些使她产生依赖的镇静药片。有些精神病医生利用他们的地位，和有边缘型障碍的女病人上床；也有些女病人卖弄风骚，对医生施展其魅力，甚至向他们敲诈勒索。

治疗医生把边缘型障碍病人的一种行为称为"演戏"。这种行为的目的是把家人、朋友或医生卷入冲突中，或者只是为了"把水搅浑"，引起普遍的关注。他们的格言是："如果我不值得你爱，你也要爱我，因为这样我就更需要你的爱。"他们这种行为的动机始

　　　　　　　　　　　　　　隐　疾

终是个谜。当医生辛苦地结束了一次长时间的治疗，正为能回家和他的妻子在院子里喝杯白葡萄酒而高兴时，突然被对面的病人的话吓得瞠目结舌："啊，顺便说一下，我搞到一个刮胡刀片，要在今天把我的动脉割开。"

有一个 23 岁的女病人叫拉莫娜（Ramona），她在精神病院里用假嗓音反复给急诊室的一个年轻医生打电话，声称她是个 13 岁的女孩，因为学习成绩不好，要在一个钟头内自杀。她不想说出自己的名字，只说自己在一个电话亭里，但又不说是哪一个。那个医生感到绝望，因为他不知道如何阻止这个女孩的自杀行为。事实上拉莫娜不是真的要自杀，她只想打电话，使医生在精神上陷入绝望的境地。

有一天，拉莫娜爬到市场上一座巨型建筑吊车上，高喊着要找一个家庭收养她，否则就要马上跳下来。她的目的不外乎要引起轰动。她还说自己已经 23 岁了，非常渴望有个家。

她反复声称自己要自杀，威胁多年给自己治疗的精神病医生，直到他最后不把这当一回事。然而，有一天他走进自己的花园，突然发现她赫然就在眼前：她把自己吊在一棵李子树上，溘然撒手人寰。

刮胡刀片和方形小冰块

治疗边缘型障碍的第一步是精神分析。对大部分的边缘型障碍患者都要进行这种分析，目的是治病救人。但有什么科学手法证明这种疗法行之有效呢？因为不断有病人被送进医院，人们有理由对此表示怀疑。

为了证明一种精神疗法有效，必须证明它比无关紧要的谈话或什么都不干好得多。这就是说，要有一个参照小组进行比较。如果把有关对边缘型障碍病人进行精神分析疗法的理论文章一篇挨着一篇地摆在一起，它们的长度能绕地球一圈。但有关精神分析治疗有用的科学文献，大概连绕手球一周都不够。

今天借助于互联网可以又快又全地搜索到发表在公认的杂志上的论文。在一次有关边缘型障碍的调查中，我没有看到过一个检验组对边缘型精神障碍进行过一次像样的精神分析疗法的比较。关于精神分析疗法的科学证明就是这么寥寥无几。

边缘型障碍不能单纯地归因于童年时所受的创伤，鉴于这一事实可以这样认为，一种只局限于处理精神创伤的疗法效果也是极其有限的。就算精神创伤是最重要的原因，我们也没有理由认为，谈论这种创伤真的能使障碍有所好转。恰恰相反，科学研究表明，让创伤成为过去，把整个事件忘得一干二净，这样做有时看来更有意义。

治疗边缘型障碍病人，只有一种精神疗法被检验小组通过比较证明行之有效。这就是行为疗法的一种形式——由美国女心理学家玛莎·莱恩汉（Marsha Linehan）发明的辩证行为疗法。这种疗法包括个别谈话。虽然在这些谈话中也涉及过去的创伤经历，但重点在于把握现在。这种治疗方式的目的在于，把处理感情的杂乱无章的方式转变为有条不紊。感情冲动及纵欲无度都要通过训练使其有所收敛。自残行为要加以阻止——例如病人要学会用方形小冰块使自己的手温下降，而不用刮胡刀片割伤自己。另一方面，不论在学校上课还是举行小组会议，都要练习各种社会生活技能。病人和医生之间稳定的人际关系是非常重要的一个方面。治疗医生要做到分身有术。一方面，他要不断给病人指出通往现实的道路，而且要做到明确无误；另一方面，他要接受病人及其方方面面，向他们表达出肯定和尊重之情。

治疗边缘型障碍的药

长期以来，精神病医生和心理治疗师坚持认为，药物对治疗边缘型障碍完全无效。对这种病人只能用心理疗法医治。这种意见当然和实际情况是矛盾的：在每天的诊治中，大部分的病人都是用精神病药物进行治疗的——在一次调查中，这些病人占 85%；在我自己的一次调查中占到 87%。

目前进行的研究表明，对人格障碍进行药物治疗的效果是有目共睹的。当然没有典型的边缘型障碍药物。精神病医生治疗这种病时，几乎总是动用他们整个的精神病药库。这也说明了边缘型障碍患者的病情也是多种多样的，就像精神病学所罗列的那样。选择药物取决于哪些表现或病状最损害这些病人的生活质量。如果病人的攻击行动、敌意行为、愤怒情绪、暴力侵犯、吸毒酗酒或自残行为并不严重，使用抗抑郁药、神经安定药或所谓情绪稳定药，如锂或卡马西平、拉莫三嗪等会有所帮助。治疗恐惧、内心空虚、悲伤、抑郁或自杀想法，可以用抗抑郁药或情绪稳定药。如果病人多疑、想法古怪、乖僻或者觉得有人跟踪迫害，可用神经安定药治疗，这种药本来是治精神分裂症的。

如果人格障碍病人的病情严重，精神病医生就不得不承认，对这些病人药效就不像对其他精神病人那么好；医生常常要做多种试验，直到找到一种适合的混合药为止。

一个新的可能性是使用药品纳曲酮。这种药物直接影响大脑的所谓"酬劳"系统，在这个系统中体内吗啡（毒品）的连接处被堵塞，后面还要谈到这点。有趣的是，这种药物不仅对治疗酒精瘾或鸦片瘾有效，而且也对边缘型障碍病人的割腕行为、赌瘾、狂饮暴食，甚至性犯罪者的性欲，都有一定的疗效。遗憾的是，它不是对每个病例都有效果。

两只臭手指

今天"可供选择"的最常用的方法之一，是眼动脱敏再加工治疗法。我在另一本书中把这种疗法称为"推销得最好的心理学胡说"。使用这种方法的治疗医生声称：他们可以治好心理障碍，方法是把两只手指放在病人的脸上，然后把手指向旁边移动，这时病人的目光跟着手指移动。据说经过三次这样的治疗就可以见到效果。也曾有人进行过调查检验，以确定对于心理创伤引起的障碍这种疗法是否真的有效。对这些研究曾进行过分析，但没有显示出这种方法和已久经考验的疗法有同样好的效果。首先，没有现象显示，这种眼睛操对病的好转有所帮助。还有一点不清楚，是否在手指乱摸时所进行的谈话才是取得疗效的真正原因。美国的女心理学家弗朗辛·夏皮罗（Francine Shapiro）想出上述这种蒙人的疗法，通过对它的推销而腰缠万贯。她向按科学办事的心理医生还有可怜的病人（他们轻信了这种貌似有理的无稽之谈）伸出两只臭手指。

虽然边缘型障碍的治疗成为对精神病学最大的挑战之一，但病人还是有希望通过强化的精神治疗建立恒久的感情关系，积极主动地进行合作，大大改善他们的病情。时间也是一种良药：随着年龄的增长，令人沮丧的病状将会逐渐减轻。对患者还要奉劝一句：他们应发现自己的才能，想方设法从事一项艺术活动，因为这样做也有一定的疗效。

第二章

毒品

走向死亡

　　吉米·亨德里克斯（Jimi Hendrix）不是美国人心目中理想的女婿。在招贴画上的他是个黑人，一脸横肉，嘴巴撅起，额头上缠着一条彩带。这幅画贴在西方世界叛逆青年的房间内作为装饰。

　　吉米的音乐听起来像来自另一个星球。当音箱和鼓膜颤动到一定的程度时，他的歌声才变得悠扬悦耳。把放大器的音量调节器推到强音，电子管红光闪烁时，便会产生强烈的声响。这时他得心应手地控制着这些音响。台上台下的哨声、哼唱声、跳动声和反馈效果，都被完美地融合到音乐中。出色地大量使用踏板，有助于这种新颖、激动人心的音响的产生。甚至打开的碰垫，拍击音箱所发出的声响，也成为整个音乐作品的一部分。对于不是摇滚乐迷的人来说，这根本不是音乐，而是难以忍受的地狱噪音。

　　吉米所表达的是嬉皮士一代对可恨的美国统治集团和帝国主义政策的抗议。他对美国国歌《星条旗永不落》（*The Star-Spangled Banner*）拙劣的修改，受到 20 世纪 60 年代被称为"和平和精英力量"的青年的热烈欢迎。轰隆声、口哨声、吼叫声和轰炸声混杂在一起，这是为越南战争谱的曲。他的流行歌曲《嘿，乔！》（*Hey Joe！*）、《紫色的烟雾》（*Purple Haze*）、《风呼叫玛丽》（*The Wind Cries Mary*）和《走向岗楼》（*All Along the Watchtower*），给他带来"世界最好的吉他手"的名声。然而他从未得过吉他音乐的正式奖赏。当时有些青年自称为"要做爱，不要战争"的一代，十分喜爱吉米在舞台上做出的要使他的乐器受孕的动作。他把吉他放在背后，用牙齿或舌头发出乐曲声。音乐会的高潮是：在马绍尔塔大祭坛前面，他举起吉他上供，给它浇上汽油，然后用打火机点火燃烧。

他的童年问题诸多，艰辛的生活一开始，便打上边缘型障碍症状的烙印。吉米的血管里流着美国黑人、爱尔兰人、墨西哥人和印度人的血。他的父亲是个爵士乐队的舞者，在他出生时就销声匿迹。17岁的母亲是个招待员，没有时间照顾孩子，把他在家人和朋友之间推来推去。他从小就胆怯畏缩，说话结结巴巴，童年大部分的岁月是在加拿大的一个印第安人居住区度过的。和他生活的是他的祖母诺拉，一个切诺基部族的印第安人，曾是杂技团的一个舞女。

吉米不大能够控制自己的感情，在演奏吉他时疯狂、放纵和无法自制，这给他的生活带来很多问题。他16岁就逃学，因为他越是沉醉于音乐，成绩就越是下降。有一次他在和一个白人女孩亲热拉手时被人抓住。在西雅图和警察多次争吵后，他自愿报名参军。他向当局隐瞒了自己的年龄——他当时只有17岁。在一场事故后，他不得不离开军队，决心成为音乐家。

他不平易近人，连他最好的朋友都感到他难以接近，更换乐队就像换女朋友一样频繁，失意起来就谁也不理。有一次他在纽约的麦迪逊广场花园演出，刚演了两个节目就离开了舞台，据他说是

"因为无法和人协调"，而据他的队友说，"是由于他出风头的机会太少"。他在瑞典进过监狱，因为他当时喝得酩酊大醉，加上毒瘾大发，把酒店的房间毁得一塌糊涂。他推掉一些音乐会的演出，因为自己吸毒而神志不清，无法登台亮相。有一次他心不在焉，把一盘刚录好歌集的录音带落在出租车里，使乐队几天的辛劳付诸东流。有一张唱片录了四十三次，因为吉米说他太累了。1969年，他在多伦多机场因私藏海洛因被捕，但在法院审理时又被宣布无罪释放。

1970年9月，吉米这颗明星陨落了。在丹麦，在演完三首歌曲后，他不得不离开舞台，因为他服了过多的安定药片。后来他去了伦敦。9月17日，大量的问题接踵而来。他因为财务问题和几个经纪人吵得不可开交，还被骗了几百万美元。他在伦敦整天和朋友寻找非法毒品。他们当中的一个人变得神志模糊，从楼梯上摔下来跌断了两条腿。这一切使吉米忍无可忍，他完全失控，跑到他的女朋友莫妮卡（Monika）的住处，她是杜塞尔多夫的一个滑冰运动员。

晚上他和莫妮卡喝了大量的红酒，然后一起共度良宵。第二天早晨，滑冰运动员醒了，据她说吉米还在睡，看来很正常，但她无法把他叫醒，在他的枕头上发现了呕吐物。她叫来一部救护车，医务人员把他平放在车上，没有把他的头支撑起来。他到医院时还有呼吸，但过了不久便英年早逝。

警方和救护车司机提供了不同的证词：当他们到达目的地时，莫妮卡不在公寓里，门是开着的。从他的呕吐物看来，吉米已经死去多时。在吉米的胃里找到了九片安眠药，在血液里还发现另一种安眠药的痕迹。这是一起自杀事件吗？莫妮卡供认，吉米在前一天和她谈过自杀。但是：如果吉米想自杀，当时有四十片安眠药，他肯定不会只拿九片。和许多有边缘型障碍的人一样，他是死于超剂量服药。他是个走在边缘的人，想摸索着挑战死亡的底线，却一失足成千古恨。吉米唱过的一首歌，歌词中有："奇怪的是，人们这么喜欢死人。你一旦猝然离世，你才得到永生。"

莫妮卡后来用汽车尾气结束了自己的一生。

幸福激素

> 青年到处纵情享乐，放荡不羁，
>
> 新而疯狂的音乐来自美国，
>
> 使他们如醉如痴。
>
> 这是公开而自觉的自我陶醉。
>
> 没有理由可言。
>
> 为了麻醉自己，可以不择手段：
>
> 音乐和酒精，大麻、吗啡和海洛因。
>
> ——埃丽卡·曼（Erika Mann），1924 年

有边缘型障碍的人对致命的毒品特别缺乏抵抗力，这两者有什么关系？这和性爱和摇滚乐又有什么关联？

关于这些有一个有趣的解释。倘若我们研究一下大脑控制介质的一个系统，一切便一目了然了。大脑研究者称它为"酬劳系统"。

海洛因、吗啡和快克可以引起一种兴奋的感觉。在大脑中有鸦片制剂受体，它们是鸦片制剂如吗啡、鸦片或海洛因的接合处。可以把这些受体想象为门锁，吗啡和其他鸦片制剂是钥匙，正好与之相配。大自然为我们配备这些受体，不是让红男绿女用毒品把自己毁掉，这些接合处是用来接合身体产生的制剂——幸福激素。

幸福激素，这种幸福荷尔蒙，激发大脑的酬劳系统。这就是说：如果人或动物获得一种"酬劳"，不管其表现形式是性爱或是食物，神经系统就产生一种快感。

有多种方法可以取得这种幸福荷尔蒙，这完全取决于不同人的嗜好，例如通过高歌帕瓦罗蒂（Pavarotti）的《今夜无人入睡》（*Nessun dorma*）、正义兄弟的《人鬼情未了》（*Unchained Melody*）、AC/DC乐队的《地狱公路》（*Highway to Hell*），或者在教堂合唱团唱歌。人们还可以用一根橡胶带拴着自己，从马来西亚的一座高楼上跳下去；踏着一块冲浪板，在3米高的海浪上穿梭；或者骑上摩托，以每小时250公里的速度在高速路上飙车。由此可见，刺激酬劳系统的方法林林总总。各种对神经的刺激使精神快感得以产生。有人闻到爱人皮肤发出的五号香奈尔香水，体内的幸福激素就会溢出；而有人在商场偷到一瓶这种香水才会产生同样的反应。

笑是最好的良药。科学家声称，尽情地笑能提高我们幸福激素的产量。有些人吃到泡菜、炸土豆拌烤血肠，就感到是一种高级的享受；有些人则乐于喝龙虾汤。干辣椒、胡椒也使有些人分享到幸福荷尔蒙。干辣椒越辣效果就越好——有人会问，为什么有些民族特别喜欢吃辣，而有些民族则谢绝这种获得幸福激素的方法呢？

有人待在温度为43℃的桑拿浴室里，直到血液循环快要停止；还有人让人按摩后背或轻挠脖子。休闲乐园提供温水浴、火山泥外敷和抹油按摩，其收入来自陶醉于幸福激素的游客。他们沐浴在阳光当中，幸福激素加快在体内的活动，增加在南方度假的闲情逸致。在滑雪场度假的年轻人，在滑雪道上运动了一整天，还能在阿尔卑斯山上的迪斯科舞厅里跳到通宵达旦，幸福激素使他们清醒如初。他们兴奋地倾听着震耳欲聋的音乐，享受着酒精饮料，欣赏着棕色皮肤的滑雪老手呼啸而过。

性爱使人飘然若仙。男人和他热恋的女人巫山云雨时，能感觉到一种妙不可言的快感。在做爱时达到性欲高潮的女子感受到体内麻醉品的溢出。当幸福激素在血中起泡时，产生一种飘然自在的快感，人在性交时就有这种感觉。刺激性欲的区域能使欢乐的物质得以释放。美国约翰·霍普金斯大学的女研究者坎达丝·珀特（Candace Pert）发现了性高潮和幸福激素之间的关系。不仅性生活的过程，还有长时间的耳鬓厮磨，都有助于幸福激素的产生。在这期间，荷尔蒙、醋酸催产素、加压素和多巴胺也起了作用。这也说明了，为什么两人情深意切亲昵相拥时会如胶似漆地难解难分。体内幸福系统兴奋而富于青春活力。皇家爱丁堡医院的神经心理学家戴维·威克斯（David Weeks）发现，每天做爱的男女比每周做爱两次的人，看起来年轻十倍。

别人的赞赏也能导致荷尔蒙的活跃。当一个男孩画了特别好看的救火车，受到父亲的称赞时，当一个妩媚多姿的妙龄少女被选为当地（如萨克森－安哈尔特）的美女时，当一个摇滚明星被歌迷高高举起穿过人群时，当交响乐团的小提琴手获得观众经久不息的掌声时，幸福荷尔蒙就会不断在他们的大脑中循环流动。音乐家、运动员、政客和模特儿为什么都想登台公开亮相，上述的"生物化学酬劳"是个主要原因。

不光是雷鸣般的掌声或"再来一个"的喊声，凡是别人的关注都能使我们如沐春风：一个亲切的微笑，一句赞许的话语，和女友一次愉悦的谈话，都会使我们神采飞扬。通过和医生的谈话心理病情渐入佳境，这也部分地归功于幸福激素的作用。

同样，宗教感情、禅宗默祷、苦行僧舞、瑜伽、祈祷，甚至斋戒，都可以使我们的幸福激素系统活跃起来。列宁领会到宗教和鸦片的关系，但并不准确知道其生物化学背景。

许多疾病，如恐惧、忧郁和偏头痛，都可以用安慰剂使病情好转，这个疗效也要通过幸福激素加以说明。

每个人都亲自选择使自己幸福的方法。想动员干了一天活儿的矿工晚上别去饮酒作乐，而去闭目打坐，或要说服抽惯香烟的人改为烧香拜佛，这都是白费心机徒劳无功的。

科学还没有发展到能使我们说明为什么某些人偏爱某种享乐的方法。当然，方法有时是会改变的。我经常看到一些处于更年期的男人慢跑成瘾，直到他们的腿一瘸一拐。不久以后，他们找到另一种愉悦自己的方法，例如沉醉于玩老虎机。

五百条骆驼腺

几千年前，古代希腊人、罗马人和埃及人就已经发现如何从罂粟中获得鸦片，以刺激体内的鸦片制剂系统。1680 年，英国医生托马斯·西德纳姆（Thomas Sydennam）第一次使用鸦片作为药物。19 世纪初，德国化学家和制药师威廉·塞图尔纳（Wilhelm Sertürner）成功地把鸦片中的高效物质（吗啡）提炼出来，他称这种物质为"睡梦之神"。

幸福激素直到 1960 年才被发现。这个发现在开始时没有什么用处。旧金山大学的中国神经化学家李崇浩寻找某种减肥的物质，它产生在人的脑垂体（大脑中的一种细腺）中。他在研究中找到了五百个干巴的骆驼脑垂体。这是桩很不合算的买卖，他没有找到他要找的物质，因为它在骆驼体内根本不存在。他所发现的是一种不知道有什么用的物质，他把它放进一个五星的冰柜，然后把它忘得一干二净。

1973 年，巴尔的摩、纽约和斯德哥尔摩的研究者分别发现，大脑中有一些特别的受体，鸦片制剂如吗啡能在上面接合。这很奇怪，为什么大脑会有一种鸦片的受体？鸦片取自一种来源于中东的花，名叫罂粟。

1975年，阿伯丁大学的科学家约翰·休斯（John Hughes）和汉斯·科斯特利茨（Hans Kosterlitz），在猪脑中找到一种小分子，他们称之为内啡肽（Endorphin，音节 endo 来自拉丁文，意为"内部"，Endorphin 意为"内部的吗啡"）。休斯和科斯特利茨认为它适合作为止痛药，但希望它不像吗啡那样使人上瘾。但试验结果却令人大失所望：这种物质的止痛效果甚微，却导致极度的依赖性。

现在把话题转回到旧金山：在此期间，李先生从冰柜中取出已被遗忘的骆驼脑内物质，发现它跟休斯和科斯特利茨所发现的物质极其相像，于是重新开始他的研究。

现在人们知道了，在丘脑的下部即大脑的一个控制中心，产生某种止痛剂。如果人和动物处于重压下，它就会分泌出来。和吗啡一样，"内部的吗啡"不仅减缓伤口疼痛，而且会引起幸福快感。

现在问题出来了，为什么体内的吗啡不会使人依赖，而鸦片制剂却很快导致依赖性？得出的答案比较简单易懂：在大脑中产生的内部吗啡在完成它的工作后，很快被一种酶破坏。如果它起作用的时间长一些，也会引起化学反应。

抚养或繁殖

我们为什么需要这些体内的止痛剂呢？

内部吗啡有几项任务：它帮助我们在危险时能迅速做出反应，要么迎接战斗，要么临阵脱逃；它减缓惊恐和疼痛，使我们逃得更快，或者不顾伤口流血继续战斗。

许多慢跑爱好者说，跑步开始时好像是一种折磨，但到了某一个时刻，他们会感到一切好像自动进行，气喘突然消失，刚才还在疼痛的四肢现在变得轻松自然。这种快感就像"清风助我直上云霄"。如果肌肉中的乳酸量有所增加，就会产生这种快感。如果赛跑的人未经过训练，它也许在 3 公里后就出现；在久经锻炼的马拉松选手身上，它可能在跑完 28.5 公里后才产生。

　　人类被创造出来时，运动可能还没有发明出来，大自然让人体内部吗啡溢出有另一种目的，就是使人在千钧一发的时刻生还的机会增加。我们进行竞技运动时，所想的是自己在逃跑，内部吗啡就被弹射到血液循环的通路中，使我们跑得更快，疼痛的感觉更弱。这种现象逐渐消失，就是说越跑越辛苦，直到内部的吗啡停止溢出。这就解释了为什么有些人对竞技运动产生依赖，他们不由自主地长久飞奔，直到关节受伤身体疼痛，还不由自主马不停蹄地越跑越远。然而，不是每个每天在跑道上锻炼的人都会长跑成瘾。报名参加健身房锻炼的人很多，但不是每个人都会变得苗条健美（有些人交给"北欧运动"健身房老板 79.9 欧元，购买一种高科技步行手杖，用了几次就把它遗弃，放在地窖里永无出头之日）。

　　为什么受伤的士兵还能继续战斗，还有力量去救受伤的战友，内部吗啡起作用也是个原因。宗教狂热者用利器刺自己的身体而没有疼痛的感觉，这种现象也可以通过体内的止痛剂去解释。

　　内部吗啡增强免疫力，有助于我们不受传染，促进身体的抗癌力。这样就可以解释为什么春风得意的人生病较少而寿命较长。

　　内部吗啡的主要任务是激活我们的酬劳系统。这是有原因的：如果性生活没有带来强烈的幸福感，我们就不会经常费劲儿在床上来回折腾，人类就不会繁衍。如果酒足饭饱没有带来满意的感觉，我们就会不思饮食。对超重的人来说不幸的是，有那么多像巧克力一样的食品，引发内部吗啡的大量溢出，于是有些人就不顾一切，拼命把珍馐美味往嘴里塞。

这些由幸福荷尔蒙控制的过程，有我们生活的两个主要目标：生存下去和传宗接代。抚养和繁殖的本能，控制支配着人类的基本行动。因此，我们享受到一切，包括精制的美食，生意兴隆财源滚滚，丰厚的彩票奖金，温情脉脉的恋爱感觉，热血沸腾的性欲满足，宝贝婴儿的呱呱落地，这一切都使荷尔蒙大量溢出，给我们带来满意的酬报。

如果毒品瘾君子滥用海洛因，毒品占据了本来属于体内物质的受体，其结果是只有少量的体内物质溢出。当以后戒毒人造物质被取走时，存在的天然物质就会减少。有些接合处空着，这使得鸦片制剂的瘾君子迫切要求得到毒品。

当毒品长时间落到受体上时，接合处就变得麻木不仁。吸毒者就不再喜欢过去使他们开心的其他事物。毒瘾使选择激活酬劳系统的可能性退居其次。毒瘾很重的人热衷于直接的毒品享受，而放弃山珍海味、艳丽衣服、豪华住宅或事业成功等好事。一个吸食海洛因成性的母亲冷落自己的孩子，虽然仍然爱着他，但她对毒品的渴求超过一切其他需求。

用纳曲酮药物治疗鸦片癖好，经过观察就会惊奇地发现酬劳系统和边缘型障碍之间的关系：这种抗毒药物堵塞了大脑的鸦片制剂的受体。如果一个瘾君子既服用纳曲酮，又同时注射海洛因，就会毫无效果。鸦片制剂海洛因的分子找不到自己的受体，因为它们已被纳曲酮占领。有趣的是，用这种药物还可以治疗边缘型障碍的其他病征：自残行为、过分的感情冲动、斗殴成性、狂饮暴食、强迫症状或赌博成瘾。所有这些现象有一个共同的原因——酬劳系统出现障碍。

性欲荷尔蒙

倘若体内吗啡紧抓住它们的受体，会发生什么情况呢？这时酬劳系统把储存的多巴胺排出。这个系统最重要的组成部分很可能是大脑中的核团（基础前脑的细胞核结构）和中脑盖区，这两个小区通过一大束神经纤维联系起来。体内吗啡活动时，它们就促使这个系统排出更多的多巴胺。当我们为了存活下来或繁殖下去做些事情时，大脑便有大量的多巴胺这种介质溢出。

1956 年，美国研究人员詹姆斯·奥尔兹（James Olds）和彼得·米尔纳（Peter Milner）发现了老鼠的性欲中心。他们把金属丝插入到老鼠大脑的多巴胺系统中，按一下按钮就可以使老鼠受到电的刺激。啮齿类动物不断开动它们的"性欲电钮"，甚至到了废寝忘食的地步。由于这种超级性欲高潮的不断出现，其他的欲望都变得无关紧要了。

现在问题出现了：热恋是如何产生的呢？请恋人们原谅我提这个问题。就像人的有些感情一样，爱情也是通过生物化学控制的，即通过多巴胺、加压素或醋酸催产素等物质。在恋人的酬劳系统中多巴胺大量增加，好像他们吸入了可卡因。在性交时当然也有多巴胺排出。荷兰的大脑研究人员格特·霍尔斯蒂格（Gert Holstege）通过正电子放射线断层照相，研究了从他们的女伴获得满足时的男人，在他们的中脑盖区发现了一种特别强烈的激活现象。

毒品的作用当然比自然酬劳的作用强大得多。当美食使大脑中核团的多巴胺增加 1.5 倍时，可卡因却能使其增加 10 倍。在一部关于吸毒者的影片《猜火车》（*Trainspotting*）中，一个海洛因瘾君子这样描述注射海洛因的作用："把最美的性高潮增加 1000 倍，也没法与其相比。"曾经用显影法对海洛因瘾君子进行过研究，当他们注射了一次毒品获得快感时，首先在中脑盖区亮了起来。

突然获得一次酬劳后，多巴胺释放得有些特别。猴子在正确完成一次任务得到一个苹果作为奖赏时，多巴胺明显地排放出来。但当这些动物在几次试验后猜到过一会儿就有奖励，这时就不会有更多的介质溢出。之所以会这样，也许是因为当期待一件好事时多巴胺才会溢出，不管这件事后来有没有发生。

一个小伙子在一次大学生聚会上结识了一位姑娘。在跳交谊舞时，他小心翼翼地把她拉向自己，越拉越近，直到他们的面颊贴面颊。后来他对别人说，在第一次羞怯地去吻她前，还不知道她将接受还是拒绝他的感情，这一瞬间绝对是他和这个姑娘的关系中最美妙的一刻。

有一次，我在一个售货亭子前花了 2 欧元买了一张"刮刮乐"彩票，有过期望获得奖金的经历。我刮开了两个格，上面明确写着，如果我在第三格也刮出 25 000 这个数字，便可获得 25 000 欧元。当第三格被刮开，上面显示没有得奖时，我并没有失望，因为我没有期望过别的结果。我在玩彩票方面老不走运，这是众所皆知的。而且我还很清楚，有些奖券的返奖率只有 25%。虽然如此，我在刮彩票的几秒钟曾有过一种幸福的感觉，当然，当发现我一无所获时，这种感觉便瞬息即逝。可是，为了这短暂的感觉，我花去了 2 欧元，这是物有所值。

然而，我所获得的认识却不止值 2 欧元：人们去赌博，不（只）是为了赢钱，主要是为了在赌博的短时间内获得幸福荷尔蒙。为此，我们下斗鸡的赌注，去马场赌马或玩轮盘赌。如果在老虎机前用钱币去赌上几个钟头，有时会赢有时会输。这种机器早晚会拿走扔进去的钱的六成。您玩的时间越长，把赌注的四成带回家的机会就越多。有些人在这些机器前把自己房子的一半输掉。大部分赌徒对这个结果都心知肚明。但他们赌博不是（或者表面上不是）为了赢钱。他们把钱拿出来，为的是瞬间的幸福，这时，体内吗啡和多巴胺的分子在他们的大脑中循环流动。

可能有人这么想，把多巴胺直接注射到自己的静脉中，会大大提高自己的幸福感。然而，输入这种神经介质是没用的，因为它很快便被分解，不会从血液通道进入大脑中。除此而外，这样做还有副作用，比如血压增高或脉搏加快。多巴胺能直接开作用药，但要变成左旋多巴这种药物，给帕金森氏症病人治病。左旋多巴能克服血脑屏障，在大脑中可以转变为多巴胺。这种药物实际上不会引起幸福感。如果剂量过大，它甚至会使帕金森氏症病人成为有受迫害幻觉的精神病人。只有在罕见的情况下左旋多巴才会被滥用为毒品。

多巴胺——就像帕金森氏症所显示的——不仅是一种酬劳荷尔蒙，因为这种病的病因是缺乏这种介质，因此左旋多巴能使病情好转。过于活跃的儿童有多动的症状，估计在脑皮层缺乏多巴胺。精神分裂症这种病的特征是视听幻觉和被迫害妄想，使用药物降低多巴胺的作用，就可以成功地治好这种病。大脑也使用多巴胺，但是为了完全不同的目的。

制动力加强体

吸毒者特别喜爱像苯二氮卓和巴比妥酸盐这样的药物。他们服用这些合法的麻醉剂，以抑制他们各式各样的恐惧。他们想方设法同时从不同的医生那里搞到大批这样的药丸，或者在黑市上购买这些精神病药品。这些药品通过遍布大脑的伽马氨基丁酸的联结部位起作用。伽马氨基丁酸是大脑中的一种制动体。当我们激动、害怕或愤怒时，伽马氨基丁酸就被释放出来。苯二氮卓通过支持伽马氨基丁酸的活动而起作用。伽马氨基丁酸作为制动体起作用时，苯二氮卓充当所谓制动力加强体。从旁协助伽马氨基丁酸工作的药物可以称为万应灵丹：它们带来消除疲劳的睡眠，抑制激动和不安，消除恐惧和忧虑，阻止癫痫病的发作，使腰痛时肌肉松弛，还可以用作麻醉剂。这些药物引起多巴胺的释放，通过酬劳系统的作用取得最终的疗效。

虽然一切都很美好，但有一个棘手的问题：这些药物会造成依赖性。特别在用巴比妥酸盐治疗时，常产生一种癖好。所以今天几乎不用这种过时的药物作为安眠药。还有，它们十分危险：故意或无意服用过量，会导致呼吸中枢瘫痪，不省人事，停止呼吸，迅速死亡。本书后面还要谈到巴比妥酸盐的这种致命的效果。

因此今天主要使用苯二氮卓和类似的物质作为安眠药。虽然这种药如果服用时间长，也会造成依赖性，但至少过量服用所导致的死亡的危险性小得多。

通过伽马氨基丁酸的联结部位，酒精这种麻醉剂会起抑制紧张和消除恐惧的作用。所以有边缘型障碍的人经常毫无顾忌地酗酒，这是不足为奇的。

迫不及待

我们的文化成就之一是，人们不总是直接使他们的需要得到满足。他们不像亚洲胡狼，它们狼吞虎咽，饱食终日。

动物时常试图在瞬间发泄它们的性欲。而现代人学会推迟自己欲望的实现。如果人的行为像动物一样，他们就会肆无忌惮地在肉店里抓住牛排生吞下去，对试图拦阻的伙计拳脚相加。男人会在光天化日之下袭击少女。红男绿女将放荡不羁地到处性交，不顾羞愧廉耻、伦理道德、婚姻破裂和艾滋病的危险。人们将随地大小便以获得一时痛快，城市的大街小巷将乌烟瘴气臭气冲天。人与人之间的生活将难以忍受。我们的文化之所以继续存在，是因为我们成功地做到了把我们个人的需要放在后面，有所节制、审时度势地加以满足。

没有这种自我节制，将会发生什么情况呢？我们看一下患克吕弗－布西综合征（Klüver-Bucy Syndrom）的人，就可以想象出来。人到老年体弱多病，大脑受到严重损伤，例如有些患老年痴呆症的病人，他们狼吞虎咽地吞下一切到手的东西，不管是否能吃都通通往嘴里塞，其状惨不忍睹。再者，大部分老人行为失态，性功能失控。

大自然把坚忍不拔、汗流浃背的艰苦工作放在享乐之前。只有通过经年累月的奋斗才能获得需求的满足。把醋焖牛肉腌渍几天是一种时间的推移，但比起吞食鲜血淋漓的猎物无疑是一种较高级的享受。一个小伙子在和一个姑娘一夜风流之前，还有很多前期工作要做，比如晚上一起去看电影，共饮意大利葡萄酒，相互调情娓娓而谈。这往往是旷日持久的过程，甚至还要有订婚或结婚仪式，直到达到期望已久的目的。里约热内卢的一个小伙子每天要花五小时派送报纸，才能吃上一盘素炒豇豆。希腊的一个农民要花几个月才能养大一只羊，然后把它屠宰切成小块，再用橄榄油进行烹调享用。一个果农把他的葡萄榨成果汁酿造，十四年后才能品尝到美味的红酒。一个科学家孜孜不倦地研究了四十五年，直到耄耋之年才获得诺贝尔奖。所以，有的时候等待是值得的。

我们人类社会制定了许多行为准则，以保证最重要的欲望——食欲和性欲——有节制地得到满足，其目的是在空间狭窄、食物资源有限的情况下，使共同生活成为可能。谁不遵守这些规定，就受到社会的惩罚、遗弃，甚至被公众开除。而且，狂饮暴食和纵欲无度的性生活会使健康受到严重的损害。

我们的大脑有很大的区域，储存着价值和标准的观念。借助于大脑的这些区域，人才能考虑错综复杂的事情，如伦理道德、公平正义、行为举止、礼义廉耻、罪恶行径、感情世界和文化教养等等。

婴儿不懂得这些社会行为准则。他们所要的是马上得到妈妈的乳房，如果不立刻叨到妈妈的奶头，他们就大哭大闹。成年人也一样，如果他们饿急了，也会把一切约束置之度外。"吃饭第一，道德第二。"贝托尔特·布莱希特（Bertolt Brecht）说过这样的话。

即使是在动物界，也有社会的协定和约束，以保证物种能存活繁衍下去。猴群也有严格的规定，比如谁可以和谁交配。而像仓鼠或松鼠这样的动物，它们把食物储藏起来，把享受往后推延，以体会先苦后甜之乐。

在等待奖赏和享受方面，人和人大不一样。有些人知足常乐，俭朴平和；但也有些人缺乏耐心，性急狂妄，要立刻满足他们的需求和愿望，有时违反行为准则，不顾风险为所欲为，生活放荡不羁。边缘型障碍和其他人格障碍患者的特征是，要求迫不及待地实现自己的要求。

心理分析的创始人弗洛伊德，把大脑中的两个对立的极称为"本能"和"超我"。"本能"是指人的兽性，想直截了当地满足两个主要的欲望（食欲和性欲）。要是顺从"本能"，就会在应邀吃晚饭时把美食佳肴一扫而光，然后无耻地把手伸进女主人的胸襟。"超我"则阻止这种出轨的行为。它提出警告：如果不顾一切去满足自己的需要，将产生严重的社会后果；并反复要求推迟甚至放弃欲望的满足。弗洛伊德理论的重要性，在于指出这两个主管机关本能地存在。这就是说，人有时有潜在的想法（其意义他并不清楚），它诱使他去采取某些自己也难以理解的行动。

在稳健沉着的人身上，"本能"和"超我"的存在保持着平衡。这种或那种力量占上风都不利于健康，还会导致精神病症状。身上的"本能"占压倒优势的人，有可能控制不住自己的性欲而成为强奸犯。反之如果"超我"占优势，也是不利于健康的。过于内疚的人整天想着规章制度，心理压力重重，不敢越雷池一步。他们畏首畏尾，从来不懂得享受生活和酬劳自己，过着一种郁郁寡欢的不幸生活。

弗洛伊德所说的两个主管机关——"本能"和"超我"，并不是业已证明的事实，而只是想象的模式。有一天可能会证实，这种阴和阳的魔法可以归因于平庸的生物化学过程，比如神经传递系统的失衡。如果我们弄清楚"超我"和"本能"在大脑中存在的地方，就可能证实，这两个主管部门和酬劳系统及其化学物质有着密不可分的关系。对欲望系统的刺激和本能的满足同样重要。有边缘型障碍的人比健康的人更快地屈服于自身本能的诱惑，他们苦于缺少幸福荷尔蒙，表现为经常心情不舒畅，感到空虚得无法忍受。因此有这种障碍的人想模仿纤夫高喊"杭育"，以刺激幸福感觉系统。虽然"超我"警告过有死亡的危险，他们还是吸海洛因。尽管司法机关用坐牢来威胁，他们还是去偷去抢。他们喜新厌旧，水性杨花，不顾"超我"有关艾滋病危险的警告。

这不是说，"超我"对边缘型障碍患者一筹莫展。不管"本能"如何为达到目的而纠缠不休，当关系到刺激酬劳系统时，"超我"会毫不留情地加以反击。一个有边缘型障碍的姑娘把家里的乳酪一扫而光，尽情享受一番后，不得不上洗手间把一切都呕吐出来。后来她和一个男友有过一夜情之后，浑身上下瘙痒难忍，不得不离开爱巢远走高飞。

性欲满足后所受到的惩罚往往是：不可名状的恐惧和很不舒服的感觉。酬劳系统好像有一个死对头，这就是惩罚的制度，它在生物化学方面与"超我"互为补充，并直接联系大脑的恐惧中枢。

在边缘型障碍病人身上，酬劳和惩罚系统在两个方面起着极大的作用。它通过引起呕吐破坏狂饮暴食带来的舒服感觉，使其不再发生。对性生活纵欲无度的人它给以特别的严惩，使他们从此以后悔过自新，过一种清心寡欲的生活。

这些人在每次纵情享受之后，其幸福荷尔蒙的储存便荡然无存，接踵而来的是撕心裂肺的痛苦。

酬劳太少了

有边缘型障碍的人不能忍受酬劳的延后。他们随时随地都要有幸福的感觉。这种心急如焚、迫不及待的行为，在其一生随时可见。如果他们的欲望没有马上得到满足，很快就失望气恼，做出激烈的反应。得到销魂的幸福感觉的最快、最大的可能性，除了男欢女爱之外，就是把海洛因直接注射到静脉中。谁吸食了毒品就立刻得到快感。有边缘型障碍的人拿起注射针头，常常是因为他们受不了丝毫的挫折。

他们对酬劳系统给予满足的期待到了迫不及待的地步，而且表现在他们的行为举止上。和健康人不同的是，吸毒病人只要有点头疼脑热，就马上要求服用止痛药。他们喜欢与时共进，不断增大用药量。与此相反，癌症病人由于剧烈疼痛必须服用吗啡治疗，但他们一般不会上瘾，也不用不断增大剂量。

像海洛因这样的毒品很容易使人上瘾，每个人最后都有沉湎其中的危险，但受害者大多数是已经上瘾的人，也就是边缘型障碍病人。比起其他人，这些人需要刺激他们体内的吗啡受体，这是为什么呢？

一些科学家相信，有些人之所以酗酒和吸毒，是因为他们未能产生足够的体内吗啡。但也有一个可能性，就是边缘型障碍患者的受体即幸福激素接合处的数量减少，或受到过某种方式的攻击，于是溢出的幸福激素烟消云散。滥用酒精饮料、海洛因或氨基丙苯而且上了瘾的人，他们的受体（用于酬劳荷尔蒙多巴胺）的数目较少。暴食成瘾的人同样缺乏这种接合处。得克萨斯州的药物学家肯尼思·布卢姆（Kenneth Blum）估计，瘾君子的受体作用降低的原因是一个遗传缺陷。

所以边缘型障碍患者必须更加努力，以便通过越来越多荷尔蒙的溢出，使他们对生活的感情变得平和一些。如果不这样做，他们就会变得更加沮丧、恐惧和不快乐。在健康人的血道里，幸福激素有时也太少（或太多），但他们大多数没有感到有什么反应。边缘型障碍病人与此相反，他们的情绪总是变得十分低落。

这样一来，就可以用简单得多的方法——也就是酬劳系统有缺陷的说法——去解释边缘型障碍患者所有的"疯狂"行为。这些人的所作所为都是为了立刻增加体内的幸福荷尔蒙。他们常常通过冒险的性交、狂饮暴食或参与危险的死亡游戏，使体内吗啡迅速增加，又滥用海洛因或其他毒品，直接求助于体内吗啡系统。就连自残行为也是为此目的，因为众所周知，在受伤时体内吗啡会分泌出来。在提高体内吗啡数量的一切试验中，边缘型障碍病人绝望地承受了许多有害的后果。

为此目的，自恋者登台亮相，尽情享受观众对其艺术表演的热烈喝彩，是获取体内吗啡最健康的方式。那些没有演出才能的人只好通过其他方式，如自导自演的大发雷霆，或以自杀进行威胁，以吸引周围的人注意。当众大吵大闹，装疯卖傻，肆意攻击他人，也是刺激酬劳系统的手段。

　　至于边缘型障碍患者的受体数量和功能不足的原因，这就见仁见智了。这种缺陷可能是由于遗传方面的原因。但障碍的产生只能部分归咎于遗传，童年的精神创伤，例如受到性侵犯或被人冷落也起到一定的作用。所以可以猜想，这些外部的有害因素是造成童年时期酬劳系统损坏的原因。

第三章

摇滚乐

性、毒品和摇滚乐

性爱、毒品和摇滚乐真的妙不可言。

——伊恩·杜里（Lan Dury）

我们发明了所有这三样东西。

——基思·理查兹（Keith Rechards）

下面继续谈论艺术家，他们的生活充满性爱、毒品、摇滚乐和类似的东西。令人触目惊心的是，有那么多的演艺大腕儿，因恐惧、忧郁或自杀想法缠身而苦不堪言。他们沉醉于酒精饮料或硬性毒品，过着放荡不羁或问题诸多的性生活，命运多舛还依然如故。在他们当中，为数不少的已自杀身亡，真叫人扼腕叹息！

这一切有什么关系呢？

这种现象常被解释为：知名的音乐家吸毒在这个行业是司空见惯，这是因为演出行业的压力太大，只能通过吸毒去忍受。因为自己出类拔萃，随之而来的是孤家寡人的感觉，又由于周围的人都是下属，在同一阶层中找不到朋友。除此之外有人认为，明星之所以能过着花天酒地的生活是因为他们有的是钱。此外，在世界上流传着这样的看法：音乐家和作家服用麻醉剂，因为某些毒品能"拓宽人的意识"，促进艺术创作的灵感。

心理学家对重要的艺术家的自传进行过分析，却得出截然不同的结论。情况好像是这样：有些摇滚乐明星一方面声名显赫，另一方面过着吸毒成瘾、风流倜傥的生活，两者都可以归因于人格障碍。

这应该如何去理解呢？这是一种明显的自恋现象，是人格障碍患者的中心特征。这种自恋使他们以超出健康人的精力和干劲去从事艺术创作，在演出行业的激烈竞争中获得更大的成功。

要成为明星必须有巨大的能量，这种能量的动力来自大脑中的酬劳系统。有边缘型障碍的人的这个系统消耗较多的幸福荷尔蒙。这个苛求的幸福系统的超级动力是功成名就。

不光对公众宠爱的追求，还有毒瘾，都可以解释为未能满足酬劳系统的要求。当然，对音乐的兴趣和对戏剧的爱好也是这样，这种兴趣爱好激发艺术家的积极性。促使艺术家进行创作的是天赋和才能、金钱和财富、别人的赞誉和表演的乐趣，但更多的还是害怕得不到别人的赞赏和钦佩。

公众对一些怪僻的人特别情有独钟，也有助于有人格障碍的人成名。在知名明星的生活故事中，我们一再找到边缘型障碍性格特征的组合：

——问题诸多的童年；

——自恋狂；

——各种癖好；

——饮食障碍；

——自残行为；

——恐惧不安；

——抑郁沮丧；

——情绪失控（冲动控制障碍）；

——寻求宗教的支持；

——不能建立持久的关系和感觉孤独寂寞。

我们从新闻报道和各种自传中得知，无数的名音乐家纵情无度，吸毒酗酒成性：罗比·威廉姆斯（Robbie Williams）（酒精、可卡因）、惠特尼·休斯顿（Whitney Houston）（可卡因）、艾尔顿·约翰（Elton John）（酒精、可卡因）、小理查德（Little Richard）（可卡因）、比利·乔尔（Billy Joel）（酒精）、罗德·斯图尔特（Rod Stewart）（海洛因）、滚石乐队（氨基丙苯、大麻、海洛因）和披头士乐队（大麻、麦角酸二乙基酰胺、可卡因、海洛因、酒精）。乔·科克尔（Joe Cocker）和埃里克·克拉普顿（Eric Clapton）有一次再多喝一罐啤酒就要命丧黄泉。许多音乐家由于毒瘾而落得悲惨的下场（我在下面还要谈到）。

作家如格奥尔格·特拉克尔（Georg Trakl）、克劳斯·曼（Klaus Mann）、威廉·巴勒斯（William Burroughs）和博伊尔（T. C. Boyle），他们吸食硬性毒品如海洛因和可卡因。他们的同行赫尔曼·梅尔维尔（Herman Melville）、杰克·伦敦（Jack London）、埃里希·凯斯特纳（Erich Kästner）、狄兰·托马斯（Dylan Thomas）、欧·亨利（O Henry）、杜鲁门·卡波特（Truman Capote）和杰克·凯鲁亚克（Jack Kerouac），都沉醉于酒精饮料而不能自拔。在七个曾获得诺贝尔文学奖的美国作家中，有五个酗酒：辛克来·刘易斯（Sinclair Lewis）、尤金·奥尼尔（Eygene O'Neill）、威廉·福克纳（William Faulkner）、约翰·斯坦贝克（John Steinbeck）和欧内斯特·海明威（Ernest Hemingway）。

创作和喝酒之间的关系甚至已得到科学的证明。爱荷华大学精神病科女教授南希·安德烈亚森（Nancy Andreasen）在 1987 年调查了三十位著名的作家，他们当中包括菲利普·罗斯（Philip Roth）、库尔特·冯内古特（Kurt Vonnegut）和约翰·欧文（John Irving），把他们和同样数量的平庸作家进行比较。在名作家当中，30% 酗酒成性，而在平庸作家当中酗酒的只有 7%。

除了偏爱毒品之外，我们在著名艺术家的自传当中，还找到人格障碍的其他症状。饮食障碍，这种典型的边缘型障碍，在女艺术家中普遍存在。

消瘦病有时也被称为"女明星病"，患者常常包括好高骛远的芭蕾舞女、女演员或摄影模特儿。她们以时装模特儿凯特·莫斯（Kate Moss）为榜样，把消瘦病态的女子奉为理想的美女。

女电影演员如奥黛丽·赫本（Audrey Hepburn）、简·方达（Jane Fonda）、莎拉·米歇尔·盖拉（Sarah Michelle Gellar）和莎莉·菲尔德（Sally Field）都有消瘦病，而女歌手如多利·帕顿（Dolly Parton）、宝拉·阿巴杜（Paula Abdul）、珍尼特（Janet）和拉托亚·杰克逊（La Toya Jackson）、惠特尼·休斯顿以及维多利亚·贝克汉姆（Victoria Beckham）和辣妹杰里·哈莉维尔（Geri Halliwell），在采访中都承认，曾因饮食障碍而叫苦连天。

在 20 世纪 70 年代，卡伦·卡朋特曾和她的哥哥演唱过许多获得一等奖的流行歌曲，如《世界之巅》（*Top of the World*）和《沉默的孩子》（*A Kind of Hush*）。她死于消瘦病，那时她才 32 岁。

虽然消瘦病在男人当中极其罕见，但有些著名的男士也有饮食障碍。埃尔顿·约翰曾接受过女性杂志《嘉人》（*Marie Claire*）英文版的采访。他透露自己曾受过狂饮暴食的苦头。女人的偶像约翰尼·德普（Johnny Depp）有过消瘦病的症状。除了渴望消瘦、恐惧不安、吸毒酗酒外，他还有自残的行为。在名门望族当中，边缘型障碍的病状也相当普遍。根据新闻报道，女演员像安吉丽娜·朱莉（Angelina Jolie）和克里斯蒂娜·里奇（Christina Ricci）都有疯狂飙车症。音乐家像伊基·波普（Iggy Pop）和玛丽莲·曼森，都曾在舞台上当众把自己的胳膊割得鲜血淋漓。

不可名状的恐惧使许多明星的生活困难重重。艾里莎·弗兰克林（Aretha Franklin）、雷·查尔斯（Ray Charles）、埃里克·克莱伯顿（Eril Clapton）、大卫·鲍伊（David Bowie）和罗比·威廉斯（Robbie Williams）等音乐家常受到恐惧的袭击，苦不堪言。演员妮可·基德曼（Nicole Kidman）、薇诺那·赖德（Winona Ryder）和安东尼·霍普金斯（Anthony Hopkins）以及超级模特儿纳奥米·坎贝尔（Naomi Campbell）的情况也大同小异。卡莉·西蒙（Carly Simon）、唐纳德·萨瑟兰（Donald Sutherland）、芭芭拉·史翠珊（Barbra Streisand）和金·贝辛格（Kim Basinger），曾和一种社会恐惧症进行过搏斗。几乎没有一个明星不定期到精神病医生那里看病。据英籍希腊歌手乔治·迈克尔（George Michael）自己说，他在长沙发椅上躺了整整十五年。

在街头叫卖的报刊上，有关患抑郁症的名人的流言蜚语甚嚣尘上，隐藏在其后的不是一般意义上的"忧郁"，而是沮丧消沉、内心空虚和丧失理智。有边缘型障碍的人苦于受这些感觉的折磨。

对别人进行骤然袭击，这在娱乐行业的大腕儿当中屡见不鲜。每次在"何人"乐队演出后，基思·穆恩（Keith Moon）都把他的鼓打得破烂不堪。他曾把一辆豪华的林肯车开到游泳池中；用斧头把酒店的房间砍得面目全非；在一次飞行中强行闯入驾驶室，要在仪器板上表演打击乐。这些人对自己的感情冲动不加控制，在青春发育期就常使周遭的人深恶痛绝。

许多名人很早就不光彩地被学校开除，下面是很长的名单中的一部分：

曾被赶出学校的摇滚乐明星

大卫·鲍伊

乔治男孩（Boy George，文化俱乐部）

鲍比·布朗（Bobby Brown，惠特尼·休斯顿的丈夫）

詹姆斯·布朗（James Brown）

科特·柯本（Kurt Cobain，涅槃乐队）

戴维·克罗斯比（David Crosby，飞鸟乐队，然后是克罗斯比、斯蒂尔斯和纳什组合）

比利·乔尔

艾尔顿·约翰

小理查德

声名狼藉先生（The Notorious BIG，说唱歌手）

图帕克·沙库（Tupac Shakur，说唱歌手）

奥兹·奥斯伯恩（Ozzy Osbourne，黑色安息日乐队）

林戈·斯塔尔（Ringo Starr，披头士乐队）

明星们大多因为自我失控损害了自己。就像英国绿洲乐队中的布鲁德·利亚姆（Brüder Liam）和诺埃尔（Noel）兄弟，他们没完没了地激烈争吵，使大型巡回演出五次中断。

并不偶然的是，许多男明星收藏危险的武器，就像席德·维瑟斯、科特·柯本、埃尔维斯·普雷斯利（Elvis Presley）、杰里·李·刘易斯（Jerry Lee Lewis）和马文·盖伊（Marvin Gaye）。他们时常隐蔽地或公开地攻击别人，在舞台上砸烂贵重的乐器，把五星级酒店总统套房的家具摔个稀巴烂。有些摇滚乐明星进过警察局或监狱，他们当中有：

被捕过的摇滚乐明星

查克·贝里（Chuck Berry）	把一个14岁的女孩带过国界；在他的饭店的女厕所内秘密安装摄像机
鲍比·布朗	私藏大麻和可卡因；驾驶时违反车速限制；殴打其夫人惠特尼·休斯顿；无照驾驶

詹姆斯·布朗	偷盗，非法拥有武器；持枪威胁一个使用他房车厕所的人；追踪警察；私藏大麻
雷·查尔斯（Ray Charles）	私藏海洛因
乔·库克	私藏大麻；在一场音乐会演出中违约拒演
戴维·克罗斯比	偷盗；私藏毒品
加里·格利特尔（Gary Glitter）	藏有色情儿童照片；对两个越南未成年女孩进行性侵犯
吉米·亨德里克斯	损坏物件；私藏海洛因
惠特尼·休斯顿	私藏大麻
迈克尔·杰克逊（Michael Jackson）	怀疑对青少年进行性骚扰
詹尼斯·乔普林	在商店里偷盗
R. 凯利（R. Kelly）	怀疑诱惑未成年孩子
杰里·李·刘易斯	侮辱他人
保罗·麦卡特尼（Paul McCartney）	私藏大麻
吉姆·莫里森（Jim Morrison）	引起公愤；淫荡地裸露自己；亵渎上帝
小理查德	在男厕所偷窥
奥兹·奥斯伯恩	威胁他人；在公众场合醉酒闹事
图帕克·夏库尔	伤害他人身体；威胁别人；开枪射杀警察
席德·维瑟斯	谋杀；伤害他人身体

奇特的是，许多知名人物在身患不治之症之后，忽然笃信宗教；这时他们时常接受其他文化的信义，或成为奇异教派的信徒。这种倾向可以解释为，被撕裂的灵魂希望通过救世主和宗教人士得到恢复。错误的人生计划要靠"上面"的指引进行补救。披头士们出发去印度，寻求印度宗教大师玛哈士·约吉（Mahesh Yogi）的庇护。"沙滩少年"也约见了这个大胡子。拳击世界冠军穆罕默德·阿里（Muhammad Ali）和英籍希腊歌手凯特·史蒂文斯（Cat Stevens），都皈依了伊斯兰教。麦当娜（Madonna）和布兰妮·斯皮尔斯（Britney Spears）参加了犹太教神秘教义的信仰团。而演员詹妮弗·安妮斯顿（Jennifer Aniston）和理查德·基尔（Richard Gere）在研究佛教。约翰·特拉沃尔塔（John Travolta）、汤姆·克鲁斯（Tom Cruise）、埃尔维斯·普雷斯利的夫人普里西

拉（Priscilla）和她的女儿丽萨·玛丽亚（Lisa Maria），以及女演员柯尔斯蒂·艾利（Kirstie Alley）都是崇拜科技教派的信徒。鲍勃·迪伦曾是个可怕的玩世不恭的人，突然写起了基督教的歌曲。摇滚乐明星卡尔·帕金斯（Carl Perkins）和小理查德，过去被官方教会谴责为诱惑和坑害青年的人，现在作为传教士进行活动。杰里·李·刘易斯——她的表哥是远程福音传教士吉米·斯瓦加尔特（Jimmy Swaggart），他一面宣扬道德，另一面又和妓女乱搞——也作为上帝的奴仆到处奔忙。迈克尔·杰克逊和他的家人都是耶和华的见证人——除了杰梅因（Jermaine），他改信伊斯兰教。

瓦鲁姆·卡恩（Warum Kann），这个天才的音乐家王子，为何不让医生给自己装上人造髋关节呢？这是因为他也是耶和华的见证人，所以拒绝这种手术可能需要的输血。顺便提一下，这个身高1.57米的歌星的髋骨之所以损伤，是因为他总穿着跟儿特别高的鞋到处乱跑。

如果一个明星风度翩翩，这往往是自我中心主义的表现。不言而喻，每个一夜暴富的人都会挥霍钱财毫不在乎，但富有的帅哥美女有时走向极端。天生丽质的玛丽亚·凯莉（Mariah Carey）平时在舞台上穿着简约，可是当她在中国巡回演出时，用了四辆卡车运她的衣物和三百五十双鞋，这足够使一个中国穷困村子里的村民们换上新装。在上海希尔顿酒店，这位歌星租了一套总统住房。她和行李一进入房间，就要求另换一套，"墙壁颜色要女性化一点儿的"。她付给她的美容师的报酬，高达每天 8000 美元。

许多好莱坞明星和音乐家的另一个症状是，和别人的关系都是朝秦暮楚。当我们听到某某电影明星结过三次或四次婚，婚后几个星期便分道扬镳，一点儿也不觉得惊讶。在他们的婚姻之间，这些名人因为众多的婚外情而绯闻不断。这些人腰缠万贯，声名显赫，魅力四射，结识伴侣的机会当然比别人多得多。名人频繁更换伴侣，也可能是他们有人格障碍、无力搞好关系的一种表现。因此，当我们在报上看到，一个众人崇拜、粉丝簇拥的明星长期抱怨孤独寂寞，一点儿也不足为奇。

在著名明星的生平故事中，我们不断找到有关家庭破裂的报告。为数不少的明星，如艾里莎·弗兰克林、约翰·列侬、吉米·亨德里克斯、鲍勃·马利（Bob Marley）、法尔可（Falco）、柯特·柯本、罗比·威廉斯和玛丽亚·凯莉，都是单亲家庭的孩子。珍尼特和拉托亚·杰克逊（La Toya Jackson）据说在童年时都遭受过性侵犯。

天才与疯狂

关于天才与疯狂的关系，已有很多书描述过。亚里士多德早就指出过，伟大的艺术家和诗人都很容易多愁善感。当然也有无数的艺术家，他们没有任何精神障碍。也不能断言，在艺术家所有的精神问题当中人格障碍最为常见。

有关天才和疯狂的关系的说法，往往没有道出事情的本质。随着疯狂而来的疾病，例如精神分裂症，在有名的艺术家当中可以说是极为罕见。关于文森特·梵高（Vincent Van Gogh）、弗尔德里希·荷尔德林（Friedrich Hölderlin）、艾萨克·牛顿（Isaac Newton）和获诺贝尔奖的数学家约翰·福布斯·纳什（John Forbes Nash），他的生平曾被拍成电影《美丽心灵》（A Beautiful Mind），后来有人争论过他们是否有精神分裂症，然而专家对其诊断并无定论。一般来说，精神分裂症这种病比较严重，几年后艺术创造力便受到很大的限制。即使精神分裂病人的智力和创造力没有降低，但由于痛苦万分，创作的动力大多受到严重的影响，在艺术上要获得出类拔萃的成功，这种可能性是有局限的。

在上述对著名作家的心理调查中，南希·安德烈亚森没有发现精神分裂症的增加。她在作家中诊断出最多的是抑郁症或躁狂抑郁症（和抑郁相反，躁狂可以理解为病态的欢乐或过分的兴奋）。下表列出的有名艺术家，据称他们曾患过抑郁症或躁狂抑郁症。丹麦精神病医生——使用锂进行治疗的先驱——莫根斯·斯库（Mogens Schou）经研究指出：不仅躁狂阶段的积极性和幻想，而且还有抑郁时期的悲痛，好像对许多作家创作力的提高都有所促进。

患抑郁症或躁狂抑郁症的艺术家

作家和诗人

 汉斯·克里斯蒂安·安徒生（Hans Christian Andersen）

 鲍里斯·帕斯特纳克（Boris Pasternak）

 西尔维亚·普拉斯（Sylvia Plath）

 埃德加·爱伦·坡（Edgar Allan Poe）

 亚历山大·普希金（Alexander Puschkin）

 奥诺德·巴尔扎克（Honoré de Balzac）

 约瑟夫·康拉德（Joseph Conrad）

 查尔斯·狄更斯（Charles Dickens）

 马克西姆·高尔基（Maxim Gorki）

 罗伯特·路易斯·史蒂文森（Robert Louis Stevenson）

 奥古斯特·斯特林堡（August Strindberg）

 列夫·托尔斯泰（Leo Tolstoi）

 马克·吐温（Mark Twain）

 格雷厄姆·格林（Graham Greene）

 威廉·福克纳（William Faulkner）

 欧内斯特·米勒尔·海明威（Ernest Miller Hemingway）

 亨利克·易卜生（Henrik Ibsen）

 海因里希·冯·克莱斯特（Heinrich von Kleist）

 尤金·奥尼尔（Engene O'Neill）

赫尔曼·梅尔维尔（Herman Melville）

弗吉尼亚·伍尔夫（Virginia Woolf）

爱米尔·左拉（Émile Zola）

作曲家

赫克特·柏辽兹（Hector Berlioz）

沃尔夫冈·阿玛多伊斯·莫扎特（Wolfgang Amadeus Mozart）

莫迪斯·穆索尔斯基（Modest Mussorgsky）

安东·布鲁克纳（Anton Bruckner）

格奥尔格·弗里德里希·亨德尔（Georg Friedrich Händel）

谢尔盖·拉赫玛尼诺夫（Sergej Rachmaninoff）

焦阿基诺·罗西尼（Gioacchino Rossini）

古斯塔夫·马勒（Gustav Mahler）

画家

保罗·高更（Paul Gauguin）

伦勃朗·凡赖恩（Rembrandt van Rijn）

米开朗基罗·波纳罗蒂（Michelangelo Buonarotti）

列奥纳多·达·芬奇（Leonardo da Vinci）

恐惧病如恐慌发作或社会恐惧症，在艺术家当中很普遍。患社会恐惧症的人脱离实际，相信自己毫无价值。因此他们以难以置信的精力加倍努力创作作品。恐惧病虽然严重降低了患者的生活质量，但它影响他们的创作力，不是使他们不能写书、不能绘画或不能谱写交响乐曲，恰恰相反，恐惧提供必要的强大力量，使他们在文化人激烈的竞争、搏斗中义无反顾，奋勇向前。

然而，在叱咤风云的名人当中，人格障碍好像起了一个突出的作用。英国的精神病大夫费利克斯·波士特（Felix Post）分析过许多诗人和小说家，发现在他们当中有三分之一有人格障碍。每当我们在传记中读到自我毁灭的行为，如吸毒成性或企图自杀，便怀疑边缘型障碍的存在。

哪种艺术和哪种精神病联系最紧密呢？对此进行分析的结果

是饶有趣味的。在作家、音乐家、演员、画家和其他文艺界代表之间，存在着根本的区别。美国精神病医生阿诺德·M. 路德维格（Arnold M.Ludwig）看过一千多部著名艺术家的自传，对他们的精神病进行过研究。他发现在患精神病方面，表演艺术家，像音乐演奏者或演员名列前茅。酗酒和吸毒的音乐家最为常见。但在他们身上也常常可以观察到抑郁沮丧、自杀倾向、性功能障碍和赌博的癖好。舞台演员的情况有点相似。此外他们还有躁狂症，而且相当严重。在艺术家当中，作家，特别是诗人和文学作家（专业书籍作家较少），尤其受到抑郁症、酒瘾、自杀倾向、躁狂、恐惧和精神病的折磨。在作曲家和画家当中，越来越多地出现抑郁沮丧，他们有时还酗酒成性。

路德维格在调查中没有顾及人格障碍。但可以认为，如果艺术家出现酗酒吸毒、抑郁沮丧、试图自杀和性功能障碍等症状，便符合边缘型障碍的标准。在这个统计中有一点引人注意：音乐家和演员，这些在舞台上能立刻获得成功的人，比较符合边缘型障碍的各种特征；在这一点上明显地超过那些要长久等候创作成果的艺术家，比如作曲家和作家。

"堕落的艺术"

精神病和创造性之间的关系绝不能理解为，有精神问题的人创作的音乐、图画或著作都是有病的灵魂的畸形产物，因而要加以口诛笔伐。有些人滥用观察到的艺术和精神病理学的关系，把艺术家都说成有病的，这使他们对现代艺术的厌恶暴露无遗。在世纪之交，德国著名精神病医生埃米尔·克雷珀林（Emil Kraepelin）用精神病理的诊断方法，错误地看待当时的先锋派画家和文学家，如马克斯·克林格尔（Max Klinger）和里查德·德默尔（Richard Dehmel），其目的是要证明现代艺术误入歧途。纳粹分子采用"堕落的艺术"的概念，把现代艺术家说成精神病人，他们的这种迫害，到了登峰造极的地步。他们用"堕落艺术"这个短语贬低现代绘画，因为这种绘画与纳粹对艺术的理解大相径庭。这个时期表现主义的作品尤其遭殃受害。

几乎每个音乐流派，即使其以后蜚声国际，都会受到对它不理解的保守分子的攻击。他们把这种流派的代表称为患精神病、狂妄自大或放荡不羁，例如爵士乐、摇滚乐、打击乐、硬石乐、朋克乐和饶舌歌曲，古典音乐的命运也大同小异。

本书在研究艺术和精神病的关系时，绝没有贬损诗人、音乐家和画家的名声。刚好相反，它要揭示，有些人不是虽然有精神问题，还是杰出的艺术家，而恰恰是因为有这个问题，他们成为杰出的艺术家。

这种看法大概有助于理解所有受精神病或人格障碍折磨的人。

生花妙笔

> 他怎样唱出这淫荡的歌声，
> 嗓音雄浑有力，疯狂放肆：
> 他把垃圾桶打开，
> 看了一眼，大口喘气……

这是犹太天才乌多·林登贝格（Udo Lindenberg）在1976年创作的歌曲《摇滚乐》中的歌词。这位乐团团长的作品表现出人在生活中所经历的艰辛和考验，使演唱歌手的声音产生魅力，激发热情，使人震颤。他的生花之笔使他引发的歌声与众不同，而且从最佳的歌唱教师那里也学不到。我们在有些歌星的身上感受到这种震颤，例如雷·查尔斯、约翰·列侬、蒂娜·特纳（Tina Turner）、艾里莎·弗兰克林、罗德·斯图尔特、乔·科克尔、詹尼斯·乔普林。这不光归功于他们由于抽烟喝酒而变得沙哑的嗓音，而且是因为他们的歌声表达了性爱、生活经历、内心痛楚和无限的悲戚。

除了自己不断受到过精神折磨的人，没有人能如此情深意切地表达出痛苦、忧伤、悲哀、不幸、仇恨和愤怒。在有边缘型障碍的人当中，害怕被遗弃成为中心话题。你想一下，如果十分之九的歌词都描写失去的爱，那么比起一般的歌手，上述这些音乐家就具有无与伦比的优势。

当我还是个大学生时，便经常在各个摇滚乐和爵士乐晚会上玩吉他，开始认识音乐界中有人格障碍的人。在我的家乡也有这样的场所和一些心理不稳定的音乐人。他们引人注目的地方，不仅是标新立异的发型、与众不同的奇装异服、喜怒无常的行为举止和严重的酗酒吸毒嗜好。当然我不是说，其他人都规规矩矩，不想吸引眼球。在所有的音乐人当中，长长的头发、倜傥风流的生活、过分的多愁善感、喜欢出头露面、在两性交往中逢场作戏、间或吸点大麻，这本是司空见惯的家常便饭。但在他们当中，总有一些怪人凡事爱走极端，把身体健康置之度外。有一点是共同的：他们是整个地区最激动人心的钢琴家，最冷酷无情的吉他手，最情深的萨克斯管演奏家，或最富有表情的女歌星。他们在演出时所获得的掌声比别的音乐家多得多。他们最晓得如何煽动听众的情绪。由于他们的缘故，公众才鱼贯而入俱乐部和音乐厅。他们在演出后，在追星族的前呼后拥中走街串巷；而其他的乐队成员则满怀嫉妒，提着他们的乐器和扩音设备，偶偶独行返回家中。

乐队中的音乐人等级分明，按贡献大小获取报酬。歌星在整个晚会中担当主角，博得热烈的掌声；如果有吉他独奏节目，吉他手每半小时只出场一次；男低音歌手有时得等上几个钟头，才得到稀稀拉拉的掌声。不少的男低音歌手都慢条斯理，心平气和，不抱有多大成功的希望。

和有边缘型障碍的音乐家同台演出是个挑战：他们自以为高人一等，在排演时要么姗姗来迟，要么就根本不来；不是忘了带乐谱，就是忘了带乐器或扩音器。一个乐章还没演完，他们就已酩酊大醉。吃力不讨好的活儿，例如铺设电线、从汽车中搬出沉重的音箱，他们不屑一顾，觉得有失身份。对自己的家庭作业，比如背一段歌词或练一段吉他演奏，他们总是一推再推。和乐队的合作不是他们的强项。对他们来说，重要的是自己的演唱部分或独奏响亮清楚地播放出去，乐队的其他人都是可有可无的陪衬。

尽管如此，他们是博得听众热烈掌声的人。音乐听众所喜欢的不是室内乐队或音乐学院里弹钢琴的乖孩子。广大歌迷所要的，是魅力四射、行为古怪、热情洋溢、烈性似火和性感诱人的音乐家。

正如前面指出的那样，等候获得酬劳的时间有长有短。永远放弃酬劳奖赏，不是有人格障碍的人的性格。一名在演出后马上博得雷鸣般掌声的歌星，很快就感觉到幸福之情涌上心头。命运之神眷顾音乐家、演员、丑角、运动员和政治家，优先使他们立刻获得使人陶醉的满足感。因此，自恋的人或边缘型障碍患者常常选择这些职业，尽快地得到多巴胺或体内吗啡的刺激，喝彩和掌声是这些人的长生不老药。

当然，现在还不能说，大脑中的一点化学剂就能使贝多芬谱写出奏鸣曲。荷尔蒙只在提高我们的情绪，在创作某些节目时起到一定的作用。艺术家如何去转化它们，这就取决于他们个人的天才了。

飞短流长

有些人在许多事情上和我们水火不容，为什么他们却能使我们着迷呢？

汉娜（Hanna）是个家庭妇女，和一个野心勃勃、奉公守法但兴味索然的财务官员结为连理。她后来对一个歌手着了迷，这个家伙经常醉成烂泥，身上刺着花纹，在舞台上怪声怪气地哼唱。约亨（Jochen）是个高中生，数学只得了1分，倾心于一个粗俗不堪、长得凶神恶煞、腿上穿着网状长袜的摇滚乐女郎。罗斯维塔（Roswitha）是个女教师，在一所农村学校教书，她爱上一个脸色苍白、满脸粉刺的两性小伙子，他所唱的内容空洞的歌曲，配以忧郁的小调和弦，与众不同，别具一格。

这些荒谬绝伦的偏爱大概可以这样解释：假如我们在舞台上见到的都是和你我一样的人，我们会觉得无聊透顶。如果在讲台上的那个人长得像某保险公司的张三李四，就会使人觉得索然无味。

这里所指是强烈的反差和鲜明的对照。报上登的政客的婚外情、画家的可卡因事件、家财万贯的女演员在商店盗窃、知名王子殴打偷拍的狗仔队，为什么我们都趋之若鹜呢？为何我们如饥似渴地阅读银幕巨星的戒毒治疗，他们狂妄自大的言行举止、一掷千金的挥霍作风呢？这可能和我们的下意识有关：对放荡的性生活、无耻的行为、饮酒无度、逞强好斗、挥霍无度、无所顾忌的自我表现，每个人都可能有自己秘密想象的空间，对这一切自己或多或少没有意识到。但我们羞与为伍、害怕当众出丑，这阻止我们把这些幻想付诸实施。而舞台上的明星越俎代庖，把我们的黑暗面全部暴露无遗。

另一种观点认为：该是明星的人就应该成为明星，他们年轻可爱、性感健壮，更容易飞黄腾达青云直上。所以有人格障碍的人常使我们的荷尔蒙沸腾不已。

成功之动力

要走上舞台，才能获得演出成功。要有音乐才能，才能成为著名的音乐家。才华或天赋是音乐成功的前提，是没法学来的。嗓音不亮的人永远也不会成为天才的歌星，没有天然的节奏感绝对成不了优秀的鼓手，不会扭腰摆臀就成不了婀娜多姿的桑巴舞女王。

幻想是音乐的另一个极其重要的特性。尤其在现代娱乐音乐中，进行革新和不断创作前所未有的新颖曲调或流行歌曲相当重要。一个室内乐队的小提琴手，他所演奏曲子的乐谱二百五十年一成不变，毫无创作灵感也能应付自如。相反，如果他有少许这样的灵感，就会立刻受到乐队指挥的训斥。

优秀的音乐家的另一个特征是聪明。一首快速的爵士乐曲带有六种复杂的乐声，飞快地相互交替，谁要用萨克斯管独奏这样的一首有许多半音的曲子，要有非常多的脑细胞。

音乐天赋、丰富的灵感和聪明才智，这些都是人本身具有或没有的东西，是没法学来的。然而，这些天资决定的素质还远远不是一切。要成为音乐家并登峰造极，需要从青少年时代开始，进行艰苦的训练，尤其需要勤奋努力，因为竞争每时每刻到处存在。这种奋发精神的形成，要靠一种强大力量的推动，这就是自恋的狂热。有了这种狂热，人就能像牛马一样任劳任怨，即使在发霉的地下室里也能坚持训练，在充斥汗臭的体育馆里也一样排练舞蹈。没有这种超强的自我意识，就不能摆脱生活带来的失望：比如青年时期的失足行为；在俱乐部演出时少得可怜的报酬；演出厅内空空荡荡，观众稀稀拉拉。

组织才能也是必不可少的。要懂得放弃某些东西，准备为自己的事业奋斗终生。要敢于冒险，例如放弃一份稳定的工作，换取一个不稳定的职业音乐家的未来。为了完成音乐家的事业，还要有卧薪尝胆的决心和无所畏惧勇往直前的追求。必须孤注一掷，坚定不移地相信，一定能成为万众簇拥的少数成功人士。绝不能变成自以为是的失败明星和一事无成的庸人。

音乐行业中你争我斗尔虞我诈，就像带着镶有铁块的手套进行拳击。谁要取得成功，就要奋起自卫，无情地击败竞争对手。如果不想无声无息地消失，就要利用别人的轻信，撕毁签好的合同，把别人的音乐创意拿过来，作为自己的销售出去，对竞争对手肆意诽谤。从事这些活动所需的违法的能量，取之于强烈的自恋动机。推动自恋这部发动机的燃料是恐惧，一种不可思议的恐慌，害怕不能出人头地，担心得不到别人的肯定和赞赏。

并不是说所有的名音乐家都是爱出风头的自恋者。也有心理平衡勤奋工作的或者拘谨矜持、羞于见人的天才，他们对功成名就淡然处之。但如果两个天赋相同的艺术家为了争夺大众的宠爱而恶斗一场，那么得胜的一方必然具有足够的自信和虚荣心。"不出人头地，就成不了流行音乐歌星！"罗比·威廉斯这样说，真是一语道破天机。

超我和多巴胺

弗洛伊德把人类所有的文化成就都归因于他称为"升华"的

过程。"本能"服从"欲望的原则",而"超我"却依据"现实的原则"行事。所有这些都跟寻衅和性欲有关。如果我们顺从"欲望的原则",我们可能就会狠揍老板一顿,"现实的原则"却挺身而出拦住我们,警告说,这样我们将被永远解雇。"欲望的原则"可能会让我们肆无忌惮地放纵性欲,"现实的原则"却指出这样做的严重后果,引发恐惧把性欲消灭在萌芽状态中。

升华的过程使寻衅和性欲得到妥善的处理。按照弗洛伊德的说法,可以使无意识的攻击冲动平和下来,方法是以社会协议的方式组织体育比赛或游戏。即使遇到冷嘲热讽的捣蛋鬼,也不要把他们痛打一顿,而是抱着与人为善的态度,使我们的怒气无疾而终。心理分析的创始人说过,为了消耗过剩的性功能,大脑通过文艺活动另辟蹊径。我们未能耗掉的本能欲望,都被升华(散发)掉,就是说转变为创造性的能量,于是我们去绘画、写文章或谱写钢琴奏鸣曲。"倘若我没有成为一名演员,"法国的演员米梅·热拉尔(Mime Gérard)这样说,"我就可能会成为凶手或盗贼。"今天我们把这种关系说得通俗一点:这是酬劳系统受到化学刺激的缘故。

正如我们所看到的,有些人幸福感觉的受体需要不断地加以刺激。比如伴侣给予的爱情和安全,也有像吸毒这样危险的酬劳方法。通过艺术活动获取幸福荷尔蒙不失为一条光明的出路。

功成名就和社会的赞赏是艺术家的"毒品",其作用有时比海洛因还大。美国作家 T. C. 博伊尔(T. C. Boyle)曾经描述过他是如何通过文学而远离海洛因的:"写作成了我的挥之不去的意念,这是作为吸毒者的我所不能实现的。当我写完一篇短篇小说或一部长篇小说,我的感觉是这么的美妙,以至我想尽快地再次经历这种幸福的感觉。这种'我想再次经历'的渴盼,就像我吸海洛因时所想的一样。我用一种欲望代替了另一种欲望。"

这种用艺术成就作为替代所得到的满足，必须一直保持下去，否则就会导致精神崩溃。因此娱乐业的许多大腕儿忍受不了名望江河日下的事实。虽然已经家财万贯，生活也没有什么压力了，但是如果又去巡回演出和艰苦地工作，他们就会觉得兴味索然，因而陷于绝望当中，甚至企图通过吸食毒品使自己的酬劳系统得到满足。

革命

每当一个革命、新潮的音乐流派征服了世界，它都带有自己鲜明的性格特征：激烈狂热，喧闹嘈杂，急转直下，节奏分明。它所发出的声音，让听惯传统音乐的人觉得怪诞不经或令人讨厌。年轻人喜爱它，老年人厌恶它。

还有一点：革新的音乐家常来自家境困顿的家庭或受社会歧视的少数族群。来自呵护备至的家庭的人，他们先在国民大学里学竖笛，然后在音乐学院进修中提琴，接着在家庭圈子里表演四重奏，这样的人创造不出崭新的音乐格调。激励青年人的音乐多种多样，但它们有一个基本条件：不能使父母亲喜欢和欣赏。倡导要使音乐迷人、改革和创新的，几乎都是些连乐谱都不懂的人。童年一帆风顺而没有问题的人只能谱写出百货商场的背景音乐。

在钢琴上表演 C 大调伴奏，同时用降 E 小调演唱，就会发生根本不配的两个音的重叠，即钢琴奏出 C 大调和弦，而唱的却是降 E 小调。有一位音乐家称这种音程为"小音程"，它听起来会使耳朵疼痛。你可以自己试一下，同时去按钢琴上两个紧挨着的键，一个黑的和一个白的。在欧洲人听起来声音混杂的这个组合，在蓝调音乐流派中却是典型的。在这个曲调中还有另一个音符：B，它和 H 不相配。这两个音符，降 E 和 B，被叫作蓝调音符，它们构

　　　　　　　　隐疾

成蓝调音乐的本质。当人们习惯了这种音乐流派后，这些本来离奇的音调听起来就婉转悦耳。但首先得习惯它们。对偏爱传统音乐的人来说，它们简直就是刺耳的杂音。纳粹分子甚至因此禁止蓝调音乐。第三帝国容许演奏爵士乐，但不包括蓝调音乐，因为这是"黑人音乐"。听带有蓝调乐曲的音乐的年轻人，被关进图林根的集中营。因此这个时期的德国爵士乐给人以规规矩矩的印象。爵士乐队演奏的曲子缺乏热情，听起来像是咖啡馆的靡靡之音，节奏也被纳粹分子德国化了。爵士乐，还有蓝调音乐，本来应演奏成切分音，就是说，两个同样长的音符，被演奏成一长一短，长音符比短音符越长，音乐摇摆得就越厉害。长音符和短音符各自的长度都由纳粹分子严格规定，因此爵士乐听起来一本正经，不再正常地摇摆。对音乐家和听众来说，如果音乐千篇一律，那就死气沉沉了。

就连在美国，蓝调很长时间也是少数人的音乐。因为一贫如洗而移居到美国的爱尔兰人带着他们的小提琴和班卓琴，奠定了乡村音乐的基础。它的音乐元素被吸收到蓝调音乐中。在 20 世纪初，只有黑人音乐家演奏蓝调音乐，它在理发厅内、棉花地上悠扬回荡。在新奥尔良的葬礼上也响起了吹奏乐器演奏的蓝调音乐。另一方面，爵士乐在 20 世纪 20 年代就开始它在世界上的胜利远征。30年代，埃林顿（Ellington）公爵等音乐家把爵士乐引进社交聚会。

在欧洲也有一个部族在这些年对爵士乐进行革新。这个部族叫辛蒂。金格·莱因哈特（Django Reinhardt）是个比利时的辛蒂人，虽然他的左手有两个手指残废，但他是当时最好的爵士乐吉他手。今天在德国和欧洲其他国家还有许多辛蒂人，他们按照金格的风格演奏爵士乐。疯狂的吉他独奏、有节奏地摇摆的吉他，以及魔鬼般的小提琴手，决定了音乐的风格。在这种音乐中，忧伤的风笛华尔兹、激昂的匈牙利查尔达什舞曲、浪漫的俄罗斯民间音乐和美国的标准爵士乐，悠扬悦耳地混合在一起。

20 世纪 40 年代末又发生了一次革命。还是美国的黑人艺术家创造了一种崭新的激动人心的音乐。法茨·多米诺（Fats Domino）是个健壮的黑人歌手和钢琴家，他能把一台沉重的钢琴轻而易举地用腹部拱上舞台。他是首批唱摇滚歌曲的人之一，取得突破的当然是白人比尔·哈利（Bill Haley），他的成名歌曲是《昼夜摇滚》（*Rock Around The Clock*）。黑人小理查德和查克·贝里（Chuck Berry）最终决定这种音乐何去何从。其他音乐家，像比尔·哈利、杰里·李·刘易斯和埃尔维斯·普雷斯利，模仿黑人的榜样。他们之所以获得成功，是因为他们像黑人那样演唱。

第二次革命发生在英国利物浦市一个穷困潦倒的工人住宅区。20 世纪 70 年代，在失业和贫穷的环境中，一些青年乐队应运而生。他们继续把摇滚乐发展成为披头士音乐。他们当中最有名的是披头士乐队成员：约翰、保罗、乔治和林戈——他们可能是迄今为止最有名的音乐家。

二十年以后，又是黑人把灵魂音乐发展为迪斯科音乐，它决定了 20 世纪 80 年代的音乐风格。当全世界的青年在迪斯科舞厅模仿约翰·特拉沃尔塔（John Travolta）时，在牙买加金斯敦潦倒的贫民区产生了另一次革命，一种西印度群岛的舞曲方兴未艾。舞曲按它原来的形式，在一个重唱句后，从和弦中反复演奏出简单的模式，例如 a 小调和 G 大调。配合这个连复段，乐队奏起施拉默尔轻音乐，奏出同一激动人心的节奏，长达四十五分钟之久；这时歌手即席边说边唱，题目千篇一律：女人的不忠、对上帝的信仰、对官员的愤怒、对印度大麻的思念。借助于如鲍勃·马利（Bob Marley）这样的音乐家，这种舞曲很快便风靡世界。

目前的流行音乐深受饶舌歌的影响。饶舌歌起源于西印度群岛舞曲的说唱调。身上文身密布、肌肉发达的彪形大汉，外表看起来已经是凶神恶煞，但实际上比这危险得多。他们在贫民区的野蛮气氛中长大成人，终日踯躅街头，参加帮派团伙，从来不务正业，多次因伤人蹲过监狱，在医院做过取子弹手术，所唱歌曲的内容都是关于危险、报仇、死亡、性欲和虐待妇女。帮派饶舌音乐的代表常常成为他们所颂扬的环境的牺牲品。就像说唱歌手兼毒品贩子声名狼藉先生（他的歌词有"你是个无名小卒，有人把你杀死"）或图帕克·沙库，图帕克残暴成性，是个多次"进宫"的牢犯。有一天他身上连中四枪，在医院流血过多不治死亡。

当一个新的音乐流派诞生时，领军人物总是有边缘型障碍的人。音乐人常带有边缘型障碍的特征，而且来自少数族群和贫民区破碎的家庭，这种情况恐怕不是偶然的。有一点毫不奇怪，在真正伟大的艺术家当中经常能找到有过这样的成长过程的人：他们出生在穷困潦倒的环境中，童年时受过精神创伤，从来看不懂乐谱，却成了血气方刚的音乐家，在青年时期便功成名就。然而他们并不满足现状，逐渐变得情绪消沉和充满恐惧，缺乏稳定和幸福的伴侣关系，而且沉湎于酒精和毒品当中。

他们往往英年早逝，过早进入摇滚乐的天堂。

埃尔维斯·普雷斯利就是个例子。

美味三明治

1977 年 8 月 16 日，埃尔维斯·普雷斯利猝然离世。在他的居所优雅园的洗手间里，有人发现了他的尸体。这时他大概是世界上最有名的人。无数关于他的图书杂志陆续出版。但有关他可能患有边缘型人格障碍的消息，只在极少数埃尔维斯的歌迷中流传。

故事是这样开始的。他的母亲格拉迪斯（Gladys）住在美国密西西比河畔的图珀洛，一个环境极差的地方。她的家是一间两居室的棚屋，只有一个灯泡。母亲在生他时遇上难产。埃尔维斯的孪生兄弟杰西（Jesse）在出生时就夭折了。他的家庭被叫作"白色垃圾"，意思是社会上的弱势白人，和黑人一起住在贫民区中。埃尔维斯3岁时，他的父亲弗农（Vernon）进了监狱，因为非法伪造支票被判强迫劳动。一家人被迫搬进一间一居室的住所，跟六十多个邻居和数以千计的蟑螂合用一间厕所和盥洗间。埃尔维斯和他母亲的关系非常密切，这在他的一生中起了很大作用。

　　经常流传这样的说法：埃尔维斯为了他可爱的母亲给一家唱片公司录制唱片，每首歌卖4美元。事实上，他的音乐家生涯从一开始就目标明确，而且始终不懈。他肩上背着吉他去俱乐部参加唱歌比赛，和有名的乐队到处演出。他穿着当时看来很古怪的服装，留着一头鬈发，头发上抹着头油，脸上长着连鬓胡子，利用每个机会用他的演唱艺术去争取听众。他没有随便在就近的录音室录他有名的"4美元唱片"，而是在著名的制作人萨姆·菲利普斯（Sam Phillips）那里录，这个人也发现过约翰尼·卡什（Johnny Cash）、卡尔·帕金斯（Carl Perkins）、杰里·李·刘易斯和罗伊·奥比森（Roy Orbison）。

　　使埃尔维斯成为摇滚乐之王的秘密何在呢？他的歌唱才能被受过传统教育的音乐家评价一般。他既看不懂乐谱，也不是摇滚乐的首创者。他所唱的曲子也是他人所作，是莱伯（Leiber）和斯托勒（Stoller）二人的成功作品。他也演唱过别人的成名歌曲。他自我批评说："我不会弹吉他，在一生中没有写过一首歌。"他的表演艺术也是马马虎虎。把他拍过的三十三部烂片称为二流影片就算抬举他了。

现在我们不去理会这些理论上的疑虑，去听听他的《监狱摇滚乐》(*Jailhouse Rock*)，或舞曲《温柔地爱我》(*Love Me Tender*)中激奋人心的节奏。他的每首歌曲都使人如醉如痴。使埃尔维斯一举成名的，有他的摇滚乐曲如《猎犬》(*Hound Dog*)、《硬汉歌王》(*King Creole*)、《一切都好》(*It's All Right*)和《全身激动》(*All Shook Up*)。埃尔维斯演唱的大部分是那些婉转动听的歌曲，如《情不自禁爱上你》(*Can't Help Falling in love*)和《今夜你寂寞吗？》(*Are You Lonesome Tonight？*)，它们适合于学校聚会中的贴身舞。

像许多有人格障碍的人一样，埃尔维斯是个叛逆者。他的奥妙之处不仅是他优美、深沉的嗓音，还有他喧闹而嘈杂的音乐，黑人般的演唱作风，这在 20 世纪 50 年代初的美国是不容许的。他的歌词说得客气些是口语化的，唱歌时臀部摇摆起来是那么淫荡，以致在电视里只许演示他臀部以上的部分。有人称他"埃尔维斯骨盆"，说他"毫无天才，俗不可耐"，"是对美国人耳朵的全面进攻"，"无法无天，伤风败俗"，"是个性感恶魔"，这些也是媒体赠给他的"定语"。

他很早就表现出来的自恋和虚荣心是边缘型人格障碍的第一个征兆。但其他症状也说明这一点：埃尔维斯的情绪大起大落，反复无常。他的情绪失控表现在，他有时无缘无故就举枪瞄准房间的天花板，汽车发动不起来就对它拳打脚踢，餐馆服务稍不如意便拍桌子摔椅子，在录音室因声音欠佳就使劲摔门，无缘无故地拍打女儿的摇篮（幸好她不在里面），节目不满意便敲打电视，对想拿走他的药片的医生举拳就打。有一次他拔枪把酒店房间的灯光射灭，差点就打中他的女友琳达·汤普森（Linda Thompson）；还有一次把酒店房间的家具摔得个稀巴烂。据说他一共有三十七支枪，还有一条空手道黑腰带。

埃尔维斯容不得任何异议。有时他的朋友聊得正欢，他一出现，大家马上噤若寒蝉。他认识妻子普丽西拉（Priscilla）时她才14岁，从此便完全控制住她，严格规定她如何染头发画眼睛，还不止一次把她打得鼻青脸肿。

还可以从他强烈的癖好看出他有边缘型障碍。他不光滥用安眠药和止痛药，而且自我伤害成性。他饮食无度，据说他有一副专用眼镜，戴着它躺在床上边吃边看电视。他酷爱儿童食物，像糖果、冰淇淋、苹果馅饼、汉堡包、炸土豆片，还有他有名的花生酱香蕉三明治，里面夹着松脆的肥肉，然后在黄油中煎制而成。有一次他和十九个朋友乘坐一架私人飞机，从田纳西州的孟菲斯飞到科罗拉多州的丹佛，只是为了去吃据说是最好的花生酱香蕉三明治。另一种美食是用可口可乐拌的水果沙拉，里面有越橘和香蕉。这种对食品的选择表明他不想长大成人。精神病医生称这是"退化的饮食行为"。在有边缘型障碍的人当中，可以时常见到这种情况。退化是对童年时期的向往，在那时一切都令人满意。一个被虐待的灵魂想通过吃儿童的甜食回到这个美好的时光。

据法医说，埃尔维斯的最后一顿饭吃了四个冰淇淋球、六包超大型的巧克力，还有炸土豆片和饼干。

这个被众人追求的性偶像，据说直到15岁时还和母亲睡在一张床上。他的性生活好像很有问题。普丽西拉在婚前的九个月生下了女儿丽莎（Lisa）后，埃尔维斯和他妻子就没有做过爱。据他本人说，他和她只发生过不到五十次的性关系，这段无聊的婚姻六年后便宣告结束。

有人说，埃尔维斯喜欢观察别人做爱。虽然他经常更换女友，但嫉妒心极强，绝不让他最新的情人和别的男人眉来眼去。在生命的最后几年，他接受过用男性荷尔蒙睾丸酮进行的治疗，大概是为

　　　　　　　　　　隐　疾

了治好他的阳痿。娇艳可人的女演员娜塔利·伍德（Natalic Wood）有一次在他的庄园度过一夜。她对她妹妹描述了那个浪漫之夜的过程："他是会唱歌，但在别的方面就不敢恭维了。"根据他的多名传记作者的说法，在好莱坞曾有人怀疑埃尔维斯暗中或公开地搞过同性恋。普丽西拉对人讲过，埃尔维斯被亲戚称为"女人腔的男同性恋者"。他对詹姆斯·迪恩（James Dean）着了迷，又和尼克·亚当斯（Nick Adams）、迪恩斯（Deans）等同性恋伴侣交往甚欢。

埃尔维斯经常忧郁和生气，非常害怕孤独寂寞，所以他总想周围有人做伴，他对朋友们称自己是"孟菲斯黑手党"，经常在优雅园出没。

就像在有人格障碍的人身上所看到的那样，埃尔维斯也从五花八门的流行或罕见的宗教形式中寻求解脱。他有时在登台演出时不唱大家想听的伤感歌曲，而诵读《圣经》的某些段落。他脖子上挂着一个埃及 T 字章、一颗犹太大卫王之星和一个耶稣受难像。有人问过他，在宗教倾向方面他是否有点稀里糊涂，他回答道："不，绝对不是。我不会不拘形式而错过天堂。"他曾想过加入"科技教派"。他很快结束跟这个教派介绍性的谈话，如梦初醒地说："这些讨厌的家伙，我不想和这些杂种有什么关系，他们想要的只是我的钱财。"

在埃尔维斯死在他的盥洗室之前，他正在看弗兰克·O. 亚当斯（Frank O. Adams）写的书《对耶稣威信的科学研究》（*The Scientific Search for the Face of Jesus*）。

他在最后几年过着很不幸的生活。他的黑手党朋友向他提供药物和露水情人。他服用安眠药，比如巴比妥酸盐和抗组胺药，使自己得到安宁；还吞食安非他明，使自己兴奋起来。他吞咽泻药和倒胃口的药，为的是抑制他的食欲。他还服用鸦片制剂如可待因、睾丸素和许多其他药品，平均每天二十片。他同时从不同的医生和牙科大夫那里弄来这些药，而且每天增大用量。他所举办的音乐会越来越少，常在安眠药的影响下迷迷糊糊地演出，机械而单调地哼着曲子，有时甚至忘了歌词，而且经常昏倒在舞台上。因为服用了太多的药物，他整天神志模糊地走来走去，错把晚上当作白天，拼命往嘴里塞放甜食。日复一日，这个昔日体态健美、女人前呼后拥的男人，最后变得脸肿体胖而滑稽可笑。他虽然功成名就，但由于挥霍无度，一掷千金，终于债台高筑，不得不艰苦度日。

虽然他的身体对许多药物已经习以为常，但在 1977 年 8 月 16 日这一天，他实在无法承受了。尸体解剖表明，这个 42 岁的男子在当天服用了难以想象的大量药物：各式各样的安眠药、镇静剂（安定、乙氯维诺、扑尔敏、安眠酮和巴必妥酸盐）以及各种止痛剂如类似吗啡的杜冷丁。但埃尔维斯并没有计划去死，这是一场出乎意料的死亡游戏，他所要的只不过是安静。他死于心律不齐后的心脏衰竭，是无数药丸互相作用的后果。在这当中，他的贪食症使心脏受损也是死亡原因之一。根据医院发言人的说法，埃尔维斯的血管像是一个 80 岁老人的。

可以肯定的是，有关埃尔维斯死于自杀的流言蜚语甚嚣尘上。但是请问一句：有哪个自杀的人在临死以前还会津津有味地吃完四个冰淇淋球、六包巧克力，而且手里还拿着一本基督教书籍去上洗手间的呢？

生机勃勃的玫瑰

不仅在摇滚乐，而且在其他音乐流派，如在爵士音乐家或小调歌手当中，我们都能找到这样的人，他们用音乐激起千百万听众的热情，但自己却是个不幸的病人。法国的讽刺小调歌手伊迪丝·琵雅芙（Edith Piaf）就是个例子。

"不，我什么都不后悔，不后悔我所碰到的好事，也不后悔遇到的坏事，我对一切都无所谓。"在她的民谣和自己的生活中，她摇摆在不同的极端中，无拘无束，绝不妥协。歌曲的内容是些故事，内容涉及爱情、绝望、幸福、悲剧、贫困、死亡、分别和重逢。伊迪丝哀伤和激情的叙事民谣娓娓动听，直到今天还使人感动不已。

琵雅芙原名伊迪丝·乔凡娜·加雄（Edith Giovanna Gassion），出生在巴黎的一个角落，母亲安妮塔（Anita）是个阿尔及利亚和意大利的混血儿。她集妓女、咖啡馆歌手和酒徒于一身。两位巡逻警察在她分娩时曾助一臂之力。伊迪丝的父母过着一种颠沛流离的生活，在夜总会之间来回奔波，直到他们劳燕分飞。母亲对伊迪丝漠不关心，把她放在自己的母亲家里托人照顾。这位姥姥感到这个婴儿好动，有时往牛奶里加点儿红酒。后来伊迪丝又被送到她父亲路易斯（Louis）那里，他是个有名的杂技演员。可是他也没时间照顾伊迪丝，又把她交给他的母亲，一个妓院的老板娘。于是这个小姑娘每天就待在一家肮脏贫困和不道德的巴黎妓院。她在5岁时得了眼疾，妓女们立刻把妓院关了一天，跑到教堂去祈祷。结果立竿见影，一个星期后失明的危险无影无踪了。

伊迪丝到了上学的年龄，她父亲把她从妓院接出来，带她一块儿去巡回演出。在马戏团和夜总会，她和父亲同台演出。15岁时她过够了这样的生活，和她父亲吵翻，去皮加勒（Pigalle）广场为钱演唱。她走街串巷奔走在酒馆之间，跟犯罪分子和皮条客打得火热。还没到18岁她就生了个男孩叫马塞莱（Marcelle）。她没法照顾他，就像她母亲以前做的那样，也把孩子交给他父亲照料。在那里，马塞莱两岁就死于急性脑膜炎。

"热尔尼"（Gerny）歌舞团的经理路易·莱普利（Louis Leplee），让有一副使人伤感的颤音嗓子的伊迪丝在他的娱乐场所演唱，给她起了个恰如其分的名字："小麻雀"。谁也不会相信，这个 1.47 米高的女孩会有这么透人肺腑的嗓音。有一天，莱普利成了一个谋财害命案件的牺牲品，而伊迪丝也成了嫌疑犯。后来因为没有证据，她被无罪释放。

她开始向胜利进军，一路鲜花一路歌。通过演唱浪漫的歌曲如《玫瑰人生》（La Vie en rose）和《我的老爷》（Milord），她使全世界欢欣鼓舞。

在被占领的巴黎，纳粹分子也是伊迪丝的歌迷。她给盖世太保的成员演唱，在妓院、在节日和宴会上，甚至在他们自己的住宅内。然而，她也帮助过一个犹太作曲家逃脱纳粹刽子手的迫害。

在一次车祸中，她坐在副驾驶位上，断了一只胳膊和几根肋骨。她从医生那里拿到处方药吗啡。为了对付疼痛，她开始喝酒精饮料。很快她就离不开毒品和度数很高的烈性酒。她毫无节制地喝一种草药泡的苦艾酒，以致她经常神志不清。她还多次进过戒毒诊所治疗。

她开起车来老嫌速度太慢，她的驾驶风格不断招来杀身之祸。在一次和希腊歌星乔治·穆斯塔奇（Georges Moustaki）坐车时，又遇上另一次车祸，脸部受到严重的创伤。

她和男人的关系几乎都是不幸的。她的情人名单看起来就像是当时最好法国明星的总和：查尔·阿兹纳弗（Charles Aznavour）、吉尔贝·贝科（Gilbert Bécaud）、埃迪·康斯坦丁（Eddie Constantine）、乔治·穆斯塔奇和伊夫·蒙当（Yves Montand）。还有人背地里说她和玛琳·黛德丽（Marlene Dietrich）有过桃色事件。

1949 年，她催促她的情人，法国拳击手马塞尔·塞尔当（Marcel Cardan）去纽约找她。马塞尔极其害怕坐飞机，想乘船出发。伊迪丝不想等那么久，动员他还是坐飞机。结果飞机在葡萄牙的亚速尔群岛坠毁。伊迪丝从此沉湎于苦艾酒和毒品而不能自拔。她 47 岁就死于胃穿孔、肝硬化和肝癌，这是她酗酒成性的恶果。

这位抒情小曲歌星所过的是典型的边缘型障碍病人的生活。虽然名利双收，但她始终不幸、忧郁和惊恐万分。和许多边缘型障碍患者一样，她喜欢冒险和生活在犯罪分子当中，与纳粹分子共舞，而同时又帮助抵抗分子逃亡。从她的三次严重车祸来看，她并没有想方设法避免险情。她和无数的男人过从甚密，又经常移情别恋，而在这些男人当中，许多都有精神问题，这都是边缘型障碍的典型表现。

伊迪丝没有幸福的童年，自幼身世凄凉困苦，父母双方都是酒鬼，母亲又是个妓女。她被父母冷落，在妓院中长大。但不能完全忽视遗传的因素，她父母亲所过的生活和她后来所过的极其相似。传记作家把她对吗啡的依赖归咎于她的车祸和马塞尔的死，据说她对他的死深感内疚。而事实上，在这些事件发生前，她就已受到酗酒和吸毒的影响。边缘型障碍是她的依赖性的真正原因。

她在生活中饱历沧桑，她的音色优美动听，她的歌曲充满生活的悲痛，正因为如此，她的美名才得以流传，令人难忘。

第四章

性爱

美是什么

披头士或者其他男孩组合，如"拿走"和"后街男孩"乐队的演出，引起年轻女孩普遍的歇斯底里，这里面的秘密何在呢？为什么粉丝们会把他们的招贴画挂在房间里，给她们的明星写情书，一想到她们的梦中情人就激动不已呢？

有一群电脑专家有一次想创造一个世界上最漂亮的女子画像。他们收集了几百张美女的肖像，把它们扫描下来。电脑从这些完美的脸孔中计算出它们的平均值，并把它打印出来，看起来十分不错。这个虚拟的"平均美人"看起来如花似玉，可以用做牛奶的模特儿。但每一个小伙子都会想起，在他常去的酒馆中总有两三个女孩子，引起自己有关体液的大量积聚。这不是激发热情的一般事物，而是某些东西均匀的混合，但这种东西是由什么构成的呢？

两个苏格兰的心理学家戴维·佩雷特（David Perrett）和伊恩·彭顿-沃克（Ian Penton-Voak），想在圣安德鲁斯大学揭开这个秘密：为什么我们觉得某些人特别容易被人追求？他们研发了一个程序，让人能在电脑上改变荧屏上的人像，直到他自己感到满意。有一点值得注意，如果是男人改变女子的面孔，他们大多数都偏爱大眼睛、厚嘴唇和瓜子脸。"这并不奇怪，"佩雷特说，"但有趣的是，正是这种面型最受雌激素影响。"雌激素在女人的卵巢形成，是女人的性荷尔蒙。它们阻碍骨头的生长，使女人的颌骨和眼上隆起部分的生长不如男人的那样厉害。这样一来，眼睛看起来就大些，脸孔也显得瘦削些。嘴唇内脂肪的形成也受雌激素的影响，所以女人的嘴唇变得丰满动人。对男人来说，大眼睛、尖下巴和性感的嘴唇是女性美的标志。也就是说，他们在选择妻子时，看重她跟雌激素散发有关的标记，在"我容易受孕"的信号感召下，男人被神秘地吸引住。女人的其他特征，比如丰满的胸脯，使男人可以期望将来的孩子营养丰富，健康成长。就像牧场上的公牛，男人为了繁殖后代，本能地向着心仪已久的对象飞奔。

女人也看重男人身上表示成熟和生殖能力的部位。男性荷尔蒙睾酮增强骨骼的生长，男人线条分明的下巴预示着精子的高产和子孙满堂。肌肉的力量也取决于睾酮。女人本能地希望，男人能保护她及其子女免受外来的攻击。这样的男人就是她梦寐以求的人。由此看来，美不是多余的奢侈品，它服务于人类生存的主要目标，这就是传宗接代。

受公众崇拜的人往往不符合美的标准定义。大概可以归纳成这样简单的公式：因外貌而有名的人散发出性感的活力，他们之所以这样，是因为他们的性荷尔蒙数量非凡。不言而喻，男男女女都不会只被外貌美迷住，所谓内在美（价值）也起着作用。但是，不能低估在人身上存在的本能、兽性性欲的力量。这种欲望有时使我们干出一些自己永远不愿意承认的事情。否则怎么解释有些女人觉得被一些男人所吸引，而他们并不符合通常健美身材的标准。

如果有边缘型障碍的人被群众簇拥崇拜，其原因大概在于他们体现了我们的动物欲望。但这些性偶像所过的往往不是充满性爱的美好生活，和我们所想象的迥然不同。

在街头小报上，我们不断看到关于名人喜新厌旧、更换情人的报道。有些第四次的婚姻过了三个月又破裂，随之而来的是第五次结合。明星的性关系更替之频繁可谓充满传奇色彩。名人频繁地结婚或更换伴侣，不仅是因为他们赫赫有名，使他们找到光艳照人的新情人不费吹灰之力，而且他们有的是钱，可以反复不断地离婚。一个众所周知的例子就是好莱坞著名女影星伊丽莎白·泰勒（Elizabeth Taylor），她至今已结过八次婚，其中两次和同一个人，即演员理查德·伯顿（Richard Burton）。米基·鲁尼（Mickey Rooney）和拉娜·特纳（Lana Turner）也结过八次婚。其真正的原因也许是，有人格障碍的人难以建立恒久的伴侣关系。对有些明星来说，这种不断更换伴侣的行为也是精神问题的表现。当许多平头百姓看到有些超级巨星不断有新的更亮丽的女友陪伴，不禁妒火中烧。遗憾的是这种情况往往表示，一个孤苦伶仃的灵魂在寻求永远得不到的爱。

世界上最性感的男人

> 我不想死，
> 但也不十分愿意，
> 继续活下去。
>
> ——罗比·威廉斯的歌曲《感觉》（Feel）

妇女时尚杂志《大都会》（Cosmopolitan）赋予歌手罗比·威廉斯"活着的最性感的男人"的称号——第二名为布拉德·皮特

（Brad Pitt）。"这个英国人究竟有什么独特之处呢？"西方世界的所有青年男人都这样问道。

罗比在学校时就是班上的小丑，这是遗传的，因为他父亲（曾是个警察）的职业是喜剧演员。罗比两岁时就离开了家，在村里过年过节时，他走街串巷到处演出，当过艺人、魔术师和娱乐节目主持人。罗比在他母亲穆特·简（Mutter Jan）的小酒馆"红狮"里长大。酒馆坐落在英国一个穷困矿山城市的衰败市区。"我4岁时就开始在自动电唱机前，在流行歌曲《夏夜》（*Summer Nights*）的伴奏下跳舞。我听得很清楚，观众中有人说：'啊，多可爱的小男孩。'当时我已学会用魅力去引起人们的注意，而且成为一种嗜好。当你演唱时，他们赞赏你。你讲笑话时，他们哈哈大笑。我相信，从4岁开始，我就完全意识到我的作用。"这个胖乎乎的小男孩连读书写字都不利落，居然已表现出不可遏制的要出人头地的愿望。他说："我当时在电视里已看到过所有的明星。我要成为像他们那样的人：事业有成，一举成名，是当音乐家、演员或群众杀手，我都无所谓。"

14岁时，罗比开始染上毒瘾。他滥用甲基苯丙胺，接着是大麻，经常酗酒和赌博。因被烧酒和麻醉药物闹得头昏脑涨，在中学毕业考试时名落孙山。有一天，母亲给他带来一个好消息，生拉硬拽地带他去参加选秀演出。当天他就被录取，成为男孩乐队"拿走"的一员，那时他才16岁。罗比和这个乐队一起到学校体育馆和同性恋俱乐部走穴，长达两年之久，直到他们突然走红。乐队的五个小伙子打破了所有的纪录，他们无数的通俗歌曲荣获欧洲金曲前10名，像《世事多变》（*Everything Changes*）、《重燃心火》（*Relight My Fire*）和《重归于好》（*Back for Good*）。这时他们的粉丝团成员主要是豆蔻年华的少女。

罗比在乐队中很快树立了坏男孩的形象。他和属于"绿洲"乐队喜欢打架斗殴的诺埃尔（Noel）和利亚姆（Liam）兄弟狼狈为奸，酗酒成性，吸毒成瘾，无恶不作。从此以后，无节制地吸毒的聚会和脱衣舞女的疯狂之夜，成为他生活的内容。据他本人说，他19岁就严重依赖酒精和毒品，什么印度大麻、摇头丸、麦角酸二乙基酰胺、安非他明、海洛因等等，他都胡乱滥用。一瓶杉布卡酒十分钟就喝光，一瓶桃子酒一饮而尽。他服用使人上瘾的减肥药丸去对付他的超重问题。由于不再适合完美女婿的形象，他被男孩乐队开除了。于是在整个欧洲出现了大批女歌迷的精神崩溃。许多少男少女因为罗比被乐队解雇，而想用自杀进行抗议，使得柏林的社会工作者不得不为他们建立了一条热线。

罗比今天用幽默、讽刺、挖苦和使人精神为之一振的自我批评，评论他过去的生活："我没有问题——因为我有可卡因"，或者"吸毒时是我生活中最快活的时光。我之所以停止吸毒，是因为我太胖了，鼓鼓囊囊的，就像个小型飞机库"。他考虑一下后实话实说："不喝完一瓶伏特加，我就没法排演。每天夜里我都喝得昏昏沉沉，都不知道自己该怎么办了。"

他21岁被炒鱿鱼后，生活每况愈下。两年以后，即1997年，他完全崩溃了。摇滚巨星埃尔顿·约翰介绍他认识高级戒毒专家科尔克拉夫（Colclough），他曾治疗过迈克尔·杰克逊、埃里克·克莱普顿和埃尔顿本人。但罗比很快又中断了他的治疗，因为他自以为久病成医，自己已得到要领。但在不久以后，他的病情又是江河日下。

有时候罗比老觉得自己被人跟踪。他恍惚看见埃尔顿和其他几个人在自己住宅里的又脏又臭的猪圈里绑架了他，弄得满地都是玉米糙、空酒瓶和香烟头。他们把他拖到伦敦的丘吉尔中心，在这里他的治疗也被中断。此后他到了索尔兹伯里，进了有名的"云楼"戒毒诊所，在那里的治疗卓有成效，据罗比本人介绍，他从此就完好如初。

没有人相信罗比的独唱生涯如此一帆风顺。他的第一个独唱专集《浮华生活》（*Life Thru A Lens*），是他 1997 年在酩酊大醉中录制成的，结果一炮打响。歌集《我一直等着你》（*I've Been Expecting You*）荣获冠军。他用他的歌曲，如《众天使》（*Angels*）、《她是唯一》（*She's The One*）、《轰轰烈烈活一场》（*Old Before I Die*）和《让我来愉悦你》（*Let Me Entertain You*），征服了欧洲。罗比和写歌的人合作谱写歌曲，他的强项是写歌词，其文字简洁，妙趣横生。他遣词造句力求精确地表达爱情、痛苦、孤独和愤怒。

他和 EMI 公司签订了独家唱片合同，获得 1.27 亿欧元的最高收入，进入了吉尼斯纪录大全。年轻的特别是女性的歌迷，对她们的偶像像对上帝一样顶礼膜拜，与此相比，当年的披头士热就微不足道了。对歌迷来说，罗比意味着陶醉、激情、性爱、冲动和精彩的表演。作为天生的艺人，他继承了许多艺术家的传统，如弗兰克·辛纳屈（Frank Sinatra）、小山米·戴维斯（Sammy Davis Jr.）、迪安·马丁（Dean Martin）、埃尔维斯、汤姆·琼斯（Tom Jones）和弗雷迪·摩克瑞（Freddie Mercury）。

事业成功，财源茂盛，性爱伙伴投怀送抱，但罗比还是经常觉得生活空虚、情绪低落，甚至开始怀疑自己。他明确地表示，音乐家吸毒不是职业之过："像我这样的人不管干哪行，无论是做医生、警察或出租车司机，都会出问题。压力和通俗音乐行业无关，压力在我的脑袋中。"

罗比的自恋行为给人很深的印象。他明知这一点，而且故意炫耀和卖弄。他最喜欢谈论自己身体的优点。"我的阴茎不是特别长，但粗得难以相信……就像婴儿的胳膊。"他向外透露，他的大部分歌曲都是光着身子在工作室录制的。他喜欢一丝不挂地在他的私人飞机上走来走去。一有机会，他就向媒体摄影师展示他赤裸的屁股。在录像中或在舞台上，他经常裸露他的上身。这样一来，粉丝们就可以惊羡他无数的文身，其题材有披头士歌曲的乐谱，像《你需要的是爱》（*All You Need Is Love*），还有请求语"埃尔维斯，让我冷静"以及生活格言"各得其所"。

他的盲目自信和他对社会明显的恐惧形成鲜明的对照。虽然他能迷住几十万观众，但是有时哪怕碰到一小群人，他都怕得要死。还有令人费解的对寂寞的恐惧使他备受煎熬。英国的一份街头小报声称，罗比极其害怕孤单寂寞，总要有人陪着他，做到形影不离。每天夜里，他的贴身保镖总要靠着他的床尾陪睡，除非有一群女歌迷和他共度良宵。这里我们看到和埃尔维斯类似的情形：昔日摇滚之王的客厅经常有孟菲斯黑手党的一群朋友做客，而在罗比的空闲时间，他的朋友和经纪人环绕着他，好像为排解他的孤独愁闷而轮流值班。像埃尔维斯一样，他在没有父亲的环境中长大，和精明强干的母亲的关系诚挚而密切。

沮丧比恐惧糟糕得多。有一次他说："我觉得可怕极了。这件事和销售数字、新闻界或我的家庭无关。"据说，有一次他吸食了超剂量的毒品，曾企图自杀，后来开始用抗抑郁药进行治疗，情况有所好转。于是他又说："225毫克的文拉法辛（一种抗抑郁药）救了我一命。"在五花八门的新闻报纸看来，最重要的问题是：他究竟是不是同性恋，或者是两性恋？音乐经纪人凯文·金塞拉（Kevin Kinsella）——罗比曾在他的房子里住过四周——向英国《每日邮报》（*Daily Mail*）说："他不是两性恋，他是百分之百的同性恋。我知道，罗比是同性恋。"但为什么让这个明星不得安宁呢，

128　　　　　　　　　　　　　　　　　　　　　隐　疾

这不是他的个人私事吗？因为罗比想要媒体为此来回奔忙，使世界如坠五里雾中，并以此寻开心找乐趣。比方说，他把自己叫作"罗伯塔"（Roberta）*，在《轰轰烈烈活一场》的歌词中问道："我是异性恋还是同性恋？"《你的同性恋朋友》（*Your Gay Friend*）是他最近一首歌的歌名。有一个演出经纪人和他攀谈，在提到他最好的朋友乔纳森·威尔克斯（Jonathan Wikes）时问道："跟你一起生活的那个同性恋，现在怎么样了？他难道不想你吗？"罗比当然看出这是个圈套，因而反唇相讥："我可以光明正大地说，我们之间的其他关系，纯粹是捏造出来的……他们想耸人听闻，捏造出头条新闻：《罗比终于承认，自己是个同性恋》。"另一方面，他又向美国同性恋杂志《拥护者》（*The Advocat*）透露，他对男人也有兴趣，但他至今还没有尝试过。

在他的一本名为《感觉》（*Feel*）的正式自传中，罗比明确地表示，只有女人对他独具魅力，所有其模棱两可的暗示，只有一个目的，就是捉弄那些讨厌的新闻记者。一切关于他是同性恋的断言，都是由那些想炒作自己的人杜撰出来的。

但他好像没有稳定的异性友谊。"都是圣人"通俗乐队有个姿色艳丽的妮科尔·阿普尔顿（Nicole Appleton），他和她有过一段较长时间的浪漫史，在她打胎后才算结束。有人背后议论，说他和娱乐业的一些天姿国色有过一夜情：例如前辣妹梅尔希（Mel）和杰里·哈莉维尔、澳大利亚的流行乐公主凯莉·米诺（Kylie Minogue）、女歌星安卓雅·可儿（Andrea Corr），还有风姿绰约的好莱坞影星妮可·基德曼，她当时正好和汤姆·克鲁斯劳燕分飞。在一部未经授权的关于歌星罗比的传记中，作者保罗·斯科特（Paul Scott）声称，这些桃色

---

* 罗伯塔是西方女子的名字。——译者注

事件主要是为新闻界安排的。

在他 600 页的正式自传中，记录着和无数女歌迷的露水情缘，时间大多数都很短暂，连一夜情的标准都达不到。记者把他无数放荡的性行为都称为性欲冲动。我们不知道，如果有同样多的机会，会有多少男人步他的后尘。在自传中，我们无论如何也找不到有关他持久爱情关系的描写。

"我喝醉了才会和别人上床。只有在我清醒时才和别人建立关系，因此在我的生活中，不可能有爱情。而且我不知道怎样去爱一个人！我是个自私自利、自我怜悯的笨蛋。"他有一次这样责备自己。

终于有一天，他有幸认识了他后来的妻子威廉斯夫人，和她生了四个孩子。他们住在英国苏塞克斯的一个宽广的私人地带，经常在里面遛狗散步，其乐融融。

害怕孤独寂寞，但又逃避和别人过于接近。渴望爱情，但又避免所有的亲密接触，这种矛盾初看起来是稀奇古怪的，但如果我们回顾一下其他明星的情况，罗比的这个谜就可以迎刃而解了。我们再来看看通常的模式：毫无节制的自恋行为、自我毁灭的吸毒成性、恐惧不安和抑郁沮丧、变幻无常的伴侣关系、短暂的受迫害的妄想，所有这一切，都可以归因于边缘型人格障碍。

但对罗比来说还为时未晚。他似乎克服了自己的毒瘾和酒瘾。精神病医生会给他做出精确的诊断。可能有一天他也会在爱情中得到满足，他毕竟还年轻嘛。

摇滚乐队中的重婚者

在杰里·李·刘易斯的自传中，可以清楚地看到性和摇滚乐之间的紧密关系。他至今至少结过六次婚。令人惊奇的是他的婚姻有些是重叠的，所以到 25 岁时，他已经两次获得重婚者的名声。

杰里·李·刘易斯是有史以来最伟大的摇滚乐歌星和钢琴家之一。他演出的电子乐曲如《大火球》（*Great Balls of Fire*）众所周知，成为世界的流行曲。当事业如日中天时，他在舞台上精力旺盛、狂热躁动，常常一跃而起，把钢琴凳一脚踢开，继而站着不断敲打摇滚乐的经过句，接着两脚快速跳动，最后一屁股坐在钢琴上面，或在琴上疯狂乱跳。有一次他甚至放火去烧钢琴，以阻挠他的死对头查克·贝里及其乐队登台演出。

杰里在年轻时就被撵出教会学校，因为他在演奏管风琴时，擅自把圣歌篡改成摇滚乐。后来他当上了缝纫机的销售员，长途跋涉来回奔忙，结果在业务上一筹莫展一败涂地。

22 岁时，他和父亲卖了 33 打鸡蛋，为的是去孟菲斯的太阳工作室给萨姆·菲利普斯演唱（此人也曾发现过埃尔维斯），他这次演唱一炮打响，被聘为卡尔·帕金斯的钢琴演奏家。1956 年他又再次红运当头，在太阳工作室和卡尔·帕金斯还有乡村音乐歌星约翰尼·卡什不期而遇，而埃尔维斯又突然造访。四个人开了一次关于爵士乐的会议，后来会议被称为"百万美元四重奏"，并进入摇滚乐的史册。一年以后，杰里进入流行歌曲排行榜，并成为世界级的演出明星。

他不仅激起歌迷对音乐的热情，而且使他们性欲旺盛。这位明星被视为利己主义者，他狂放不羁，无法自制。有一次，他被采访人的问题激怒，把砸断的酒瓶戳向对方的脸。他还打断过一个歌迷的肋骨，用威士忌酒瓶砸伤另一个歌迷的脸，把一个大酒瓶扔向男低音歌手诺玛·欧文斯（Norma Owens）的前胸。欧文斯逃过一劫，有幸活了下来。杰里把此事说成是意外事故，侥幸渡过难关。

1976 年的一天，他喝得酩酊大醉，驱车到埃尔维斯的优雅园，挥舞着一支38口径手枪威胁保镖，说他要把歌王杀死。二十四小时后，醉如烂泥的他和他的劳斯莱斯车翻了几个跟头，但他死里逃生活了下来。

有一次他被抓进监狱，但比起他平时的所作所为这次罪行不算十分严重：他只不过越过花园的篱笆，对邻居喊了些伤风败俗的话。

16岁时，他和他的第一个妻子弗劳·多萝西·巴顿（Frau Dorothy Barton）结为伉俪；18岁时娶了比他小一岁的简·米查姆（Jane Mitcham）为妻。婚礼一个月后，他和第一任太太离婚。在和第二任妻子正式离婚前的几个月，22岁的他第三次在婚礼上说"我愿意"。这次的新娘是他13岁的表妹迈拉·盖尔·布朗（Myra Gail Brown），他的男低音歌手的女儿。不久后，他想带着孩子般的妻子环游英国。英国新闻界听到了风声，对他口诛笔伐痛批一顿，于是旅行计划胎死腹中。后来他在美国也受到广播电台的抵制。

这对夫妻所生的儿子13岁时在游泳池里不幸淹死，迈拉悲痛欲绝要求离婚。

杰里在36岁时娶了第四任妻子雅伦·冈恩（Jaren Gunn），后来她被发现也死在游泳池内——可能是过量吸毒的后果。死前不久她递交了离婚申请，理由是"受到残暴和不人道的虐待；丈夫和别人通奸，酗酒成瘾和吸毒成性"。

1983年，48岁的摇滚先锋杰里再次结婚，第五任妻子肖恩·史蒂文（Shawn Stevens）死于过量服用美沙酮。杰里涉嫌谋杀，因为在肖恩身上有瘀伤，在她的手指甲里发现了血，但他并没有被起诉。由于两个妻子死得神秘莫测，他被称为"杀手"，从此以后声名狼藉，虽然他参与两宗谋杀一事始终没有得到证实。一年以后，他第六次步入婚姻的殿堂，这次的新娘是22岁的克里·林恩·麦卡文（Kerrie Lynn McCarver）。

这个"杀手"并没有气馁屈服，他又到处为演出奔忙，用他无拘无束的歌声取悦听众。

这个例子也表明，一个有明显人格障碍的人，也可以在众多的竞争对手中脱颖而出，成为娱乐行业的巨星大腕儿。对毒品和酒精无限的沉迷，无所顾忌和肆无忌惮地使用暴力进行攻击，情绪失控一触即发，这些都是他一生的特征。他无缰野马般的自恋行动，以及对此毫不自责的态度，致使他对我们社会的准则例如禁止重婚的法规全然不顾，置若罔闻。在他的有生之年，他的传记就已被拍成电影，这表明这位名人有人格障碍，因为他有足够的逸闻怪事，使影片的情节紧张、离奇而动人。

不想长大的年轻人

2000年，在10岁的安德鲁·冈萨雷斯（化名）身上诊断出一种罕见的癌症。这个病危的孩子表达了一个愿望，在死亡之前想见到一些名人，如喜剧演员金·凯瑞（Jim Carrey）或美国黑人流行乐巨星迈克尔·杰克逊。在安德鲁的母亲和这位歌星联系后，据她本人说，杰克逊多次和她的孩子通过电话（有时长达三小时）。在这以后，安德鲁应邀去过梦幻岛（Never land）牧场，即超级明星的大庄园。在长达三年的时间里，杰克逊十分关心这个孩子并负担了他的医疗费用。在成功地进行化疗后，安德鲁又被邀请去牧场做客，还带着他的弟弟、妹妹和母亲。大家都收到丰厚的礼物：游戏机、电脑、汽车、旅行和豪华旅游，尤其是患癌症的男孩得到最好的医疗。

2005年，杰克逊被起诉，有人控告他对儿童进行过性骚扰。

少年安德鲁·冈萨雷斯在诉讼中声称，他和弟弟被逼睡在歌星的床上。他说："我们一起躺在床上，然后他开始给我按摩……他帮我手淫。"他的弟弟也被邀请到牧场，据他说，歌星光着身子挺着阴茎，在孩子们面前走来走去。

安德鲁说，杰克逊用红酒（他在孩子们面前称它为"耶稣的血液"）使他们变得服帖。男孩因为癌症被摘去一个肾，他告诉歌星，医生说过他有病不能喝酒。杰克逊却说"没事儿"，并坚持要他喝。当孩子要把自己的尿样交给医生时，它却神秘地踪影全无——可能是为了阻挠尿中的酒精被人发现。

2003年，英国广播公司记者马丁·巴希尔（Martin Bashir）对流行乐歌星进行了电视采访（和迈克尔·杰克逊对话实况）。在这部纪录片中，杰克逊承认，安德鲁曾在他房间的床上过夜，他自己一直睡在地上。在纪录片中可以清楚地看到，杰克逊在采访时拉着男孩的手，而安德鲁则把他的脑袋靠在这个登月舞步发明者的肩上。杰克逊告诉记者马丁，他的所作所为毫无恶意："我曾和许多孩子一起睡在我的床上。"

公众气愤地做出反应。伦敦的一个保卫儿童组织认为，如果一个成年男人和不是自己的孩子睡在一张床上，这是"极其不合适的"。

不久以后，杰克逊让马克·谢弗尔（Marc Schaffel）——一个同性恋色情片的制作人——拍一部录像片进行反击，在片中安德鲁一家人都有发言的机会。根据对他们的采访谈话（采访当然没在电视上播放），一切看来都很正常：没有任何性骚扰，杰克逊对待孩子们就像父亲一样。

安德鲁的母亲说，他的孩子后来找到心理学家斯坦·卡茨（Stan Katz）博士寻求帮助，接着还报了警。安德鲁所做的口供足以使流行歌星最多判 29 年的徒刑。安德鲁这时并不知道他是否能等到诉讼的结束。这时有人谴责说，杰克逊一伙强行把孩子的一家拘留起来，对他们进行威胁施加压力。马丁的纪录片在电视里播放的那天晚上，安德鲁的一家被监禁在迈阿密的酒店房间里，这样他们就看不到这部影片了。据安德鲁的母亲说，杰克逊的经纪人罗纳德·科尼策尔（Ronald Konitzer）曾威胁过她，如果她报警她的孩子们就会"消失"，而且提到可能使用"热气球"。杰克逊的一个叫弗兰克·泰森（Frank Tyson）的职员对孩子们说过，他能让人把他们的母亲"干掉"。连那盒进行反击的录像带也是威胁他们拍成的。

据说在搜查杰克逊的房子时，警察在他的卧室找到许多色情杂志，上面全是青年男女的裸体照片；还有一些黄色影片、一条儿童内裤和他写给安德鲁的诗歌——但这些材料在起诉时不能使用。

在警察搜查他的住宅时，杰克逊和一些孩子，其中三个是他自己的，在拉斯维加斯的一家酒店住宿，没有其他大人陪同。

在诉讼的过程中，20 世纪 90 年代的一笔对杰克逊来说早已结束的陈年老账，又被重新翻了出来。1993 年他曾被指控对一个医生当时 13 岁的儿子杰米·查普曼（化名）进行过性骚扰。他向孩子的家庭支付了 1883 万 1250 美元，逃避了一次性骚扰的起诉。在放弃控告之前，检察官曾下令拍摄杰克逊私生活的照片。关于他身体上的一些细节，比如说一个义身画的是小熊维尼，和杰米描述的一模一样。

在 2005 年的诉讼中，杰米的证人重新被传讯出庭作证，不是为了重翻老账，重翻老账在法律上是不可能的。确切来说，这次是为了全面证明被告对未成年人进行性骚扰的倾向。孩子的母亲告发道，杰克逊曾问过她是否允许她儿子和他在床上睡觉。她开始时表示拒绝。但当杰克逊"浑身颤抖、眼泪汪汪"地再次恳求她时，她终于同意了。"您不相信我吗？"歌星这样问道，"我们是一家人。孩子会觉得很好玩。他为什么不能在我的床上睡觉呢？不会有事的。"

有几个证人证实，未成年人受到过性侵犯。但辩方成功地对这些证词提出质疑。前任保镖拉尔夫·查康（Ralph Chacon）出庭作证，说他看见过杰克逊和当时 11 岁的杰米在洗澡间内全身赤裸。他过去的雇主当时在抚摸男孩，吻他的头发，用口去玩弄他的生殖器官。后来在一次和杰克逊打官司中，查康被控在牧场偷过东西，结果被判罚款 2.5 万美元。

庄园的首席厨师法国人菲利普·勒马克（Phillip Le Margue）甚至声称，杰克逊把手伸到 11 岁的童星麦考利·卡尔金（Macaulay Cullkin）的内裤中，但麦考利在法庭上对此表示否认。

过去的女佣阿德里安·麦克马纳斯（Adrian McManus）提供证词说，超级明星曾经吻过医生的儿子和麦考利。结果女佣后来也被控在牧场盗窃财物，而被宣判有罪。除此之外，在一次审问中她发誓说，从来没有看见过杰克逊强奸过杰米。

另一个女仆的儿子贾森·弗朗西亚（Jason Francia）在法庭上说："迈克尔第一次骚扰我时我才 7 岁。他用手摸我两腿间的地方，把一张 100 美元的钞票塞进我的裤子，对我说：对你妈妈什么也别说。"杰克逊支付了 200 万美元，企图让这段丑闻在世界上销声匿迹。

有关杰克逊的恋童癖的传闻流传已久。1984 年颁发格莱美奖项时，杰克逊坐在波姬·小丝（Brooke Shields）的身旁。一些光艳照人的女演员对他含情脉脉，他却没有反应，淡然处之。使他情有独钟的却是小童星以马内利·刘易斯（Emmanuel Lewis），他当时坐在歌星的怀里。后来，美国杂志《接触》（*In Touch*）登出一些照片，显示杰克逊和以马内利一起吮吸一个婴儿奶瓶的奶嘴。

就连迈克尔的姐姐拉托娅·杰克逊（LaToya Jackson）也证实了歌星的恋童癖，而且声称，她多年来先后看到过他和五六十个男孩在一起。后来她又申明，她这样说是被她的前夫逼的，他是个非法妓院的老板。拉托娅后来又和迈克尔言归于好。

检察官汤姆·斯内登（Tom Sneddon）明确地表达了这样的意见：杰克逊有恋童癖，他从破裂的家庭给自己找来一些男孩，用红酒和酒精饮料灌醉他们，让他们上他的床，看色情电影和书刊，接着对他们进行性骚扰。为了不被公众发现，他给孩子们及其家庭大量的金钱，或者对他们进行威胁。

与此相关，杰克逊的律师把安德鲁的母亲说成是忘恩负义、贪得无厌、臭名昭著的骗子，她要把流行歌星的钱财骗光为止。2005年6月13日，杰克逊被宣告无罪，有关他用酒精饮料使男孩服从、对他们进行性骚扰、强行关押他们家人的种种指控，均被一一驳回。

迈克尔·杰克逊何许人也？

他的父母生了九个孩子，他排行第七。他的母亲凯瑟琳（Katherine）是耶和华的信徒。父亲乔·杰克逊（Joe Jackson）是个起重机手和乐队的吉他手，他严格管教他的五个儿子杰基（Jackie）、蒂托（Tito）、杰曼内（Jermaine）、马龙（Marlon）和迈克尔。杰克逊家的老五迈克尔擅长舞蹈和音乐表演，演唱摩城乐曲、泡泡糖摇滚舞曲和美国黑人现代爵士歌曲。他5岁时就开始在乐队中演唱，最后成了出类拔萃的歌星。在他8岁时，他的乐队就在一次比赛中获胜。雄心勃勃的父亲乔·杰克逊放弃了自己的职业，和他的儿子们到处演出，行程达数百公里。很快儿子们都成了世界明星。1970年，他们的热门歌曲《ABC》挤掉披头士的《顺其自然》（*Let It Be*），登上排行榜的第一名。乐队销售了1亿多张唱片。

迈克尔·杰克逊11岁便成了超级明星，14岁便开始独唱生涯。不只是他唱的歌，特别是他非同凡响的跳舞风格，比如他创造的登月舞步深受欢迎。1982年，他所录制的《惊险》（*Thriller*）歌集获得音乐史上最大的商业成就。

这位流行歌星常抱怨他失去了童年。他在接受采访时说，当其他孩子尽情玩耍时，他不得不和他的兄弟们一场接一场地忙于演出。没有演出时，还要在练功厅里进行惨无人道的训练。他父亲用皮带或衣架打他，或用点着的火柴去烧他的脚尖。小迈克尔通过工作室的玻璃窗嫉妒地看着外面的孩子们欢蹦乱跳。

父亲乔·杰克逊是个武器迷，他有一次不小心开枪射伤了妹夫的一只眼睛。有时他把枪对着他的孩子，拉开扳机吓唬他们。据说他为了教迈克尔跳舞，逼他在一块炽热的炉板上跳踢踏舞。在一次电视采访时，杰克逊这样说他父亲："有过一个时期，只要他向我走来，我就感到难受，简直就要呕吐。"父亲反复说迈克尔长得如何的丑，鼻子大得被人嘲笑。他说："真不知道你的大鼻子是从哪儿来的。"父亲很早就对他进行性教育，带他一起去看裸体舞，把他介绍给妓女。迈克尔和他的哥哥们睡在一个房间里，他常看见他们和歌迷们在房内做爱。父亲是个尽人皆知的通奸者，他和一个姘头生过一个女儿，常常殴打自己的老婆。杰克逊一家的孩子们在一个充满谎言、暴力、自私、虚伪的环境中长大。

迈克尔·杰克逊出了什么事？

他25岁时是个英俊帅气的美国黑人。他经常接受连续的采访，言谈中充满幽默感。他在电视里对着观众喃喃诉苦，假装泪流满面，在法律攻击前为自己辩护。他不戴假发，也不像歌妓那样，脸上扑了煎饼厚的脂粉。众所周知，他常咧嘴大笑感染别人。他不用眼线笔，也不用口红。他谦虚谨慎，对他所得到的荣誉和粉丝们的尊敬，充满感恩戴德之情。在这段时间，他创作了大量的热门歌曲，所赚的钱是个天文数字。杰克逊在舞台上的舞步很少错乱，在对着麦克风高唱"我爱你们"时，声音保持清澈响亮。

他没有机会娶妻生子，过"正常"的婚姻生活。杰克逊曾和丽莎·玛丽·普雷斯利（Lisa Maria Presley）结过婚，可是谁也不晓得在这段时间发生过什么事情。新闻界猜测，这是一次有目的的婚姻，旨在改变杰克逊恋童的形象。为什么偏偏选中丽莎，那是因为"流行乐天王"不想娶一个身份低微的女子，而丽莎是"摇滚乐天王"埃尔维斯的女儿。在结婚的仪式上杰克逊唉声叹气地说："我爱弗雷德·福伊尔施泰因（Fred Feuerstein）。"他指的是主持婚礼的官员领带上的图案。所有在场的证婚人一直等他向丽莎表白爱意，结果是竹篮子打水一场空。

他的第二任妻子戴比·罗（Debbie Rowe）是个健壮的护士，骑摩托参加婚礼的新娘。他是在一次鼻子手术中和戴比认识的。她为他生了两个孩子，普里斯·迈克尔（Prince Michael）和女儿帕里斯。我们不知道这两个孩子是怎样生出来的。在洞房花烛夜，迈克尔不许新娘子和他同房共寝。第二个晚上她的待遇也没有改善，这天晚上迈克尔和一个叫安东尼（Anthony）的9岁男孩去参加一个电影首映式。据他说这个孩子是他的侄子，而事实上他没有一个叫安东尼的侄子。新闻界的小道消息说，迈克尔只是借用戴比的子宫，孩子是通过人工授精生出来的。这对毫不般配的夫妻对此矢口否认。杰克逊的姐夫声称，孩子的父亲不是迈克尔，而是一个精子捐赠者，他是个匿名的白人。戴比直到今天只被允许偶尔看看她的孩子。她后来对一个行政长官说过，她的前夫是个精神变态者，她被迫只说他的好话，是为了取得孩子的探视权。后来她又收回她的这番话，只说对杰克逊有利的话。过了没多久，她又对爱尔兰《星期天世界》（*Sunday World*）报的记者说，她的孩子们的父亲不是杰克逊，而是一个匿名的精子捐赠者。

歌星第三次当父亲了。根据杰克逊的说法，普里斯·迈克尔二世（Prince Michael Ⅱ）是通过人工授精产生的。他交出精液，然后把它注入借来的母亲的子宫中，他本人从来没有见过她。转眼之间他又声称，他曾和这个不认识的女人发生过一次关系。

2002 年 11 月的一天，歌迷们云集在柏林的阿德隆酒店前面，想一睹杰克逊的风采。只见他双手托着他的婴儿普里斯·迈克尔二世，把他像个包裹一样从四楼窗口递了出来，好像要把他扔下来，这一惊险场面使所有的观众吓得魂飞魄散，几乎当场窒息。

杰克逊用迈克尔这个名字给他的两个儿子甚至女儿起名，是他的一种自恋行为，他要克隆自己，但要另一种类型——白皮肤金头发。

大概没有任何一个明星能像迈克尔·杰克逊这样完全符合边缘型障碍的所有标准。我们在他身上看到种种迹象：极端的自恋行为、缺乏自责的精神、在伴侣关系中用情不专、身体感觉出现障碍、不良的嗜好和习惯、强迫性的各种症状，还有问题诸多的童年遭遇。

在他的别墅里，挂着达·芬奇画作《最后的晚餐》的一幅复制品，杰克逊让人把它放在耶稣基督的位置上。杰克逊说过："我不想把自己称为耶稣，但我所承受的紧张和重压，可以与耶稣忍受过的比美。"许多人把这位流行音乐的偶像称为怪人，甚至声称他早已上了西天，被一个老外吃掉并取而代之了。

杰克逊 26 岁时第一次动鼻子手术。他过去本是个帅小伙子，现在已变得面目全非，看起来就像木乃伊，整个人就像惊险影片中的僵尸，原来的黑皮肤现在已变成灰白。杰克逊用什么化学剂变成这个样子，这永远是个谜团。皮肤科医生猜测，他是用酚把皮肤漂白的。用这种化学物质可以通过破坏黑色素层（黑皮肤的细胞）使皮肤长期变白。酚这种东西有毒，它会引起心律不齐和大脑紊乱，而且能导致癌症的产生。其他人则估计，他使用了毒性很强的汞化合物或者对苯二酚。杰克逊自己总是否认用过什么方法，声称这是一种叫白癜风的皮肤病造成的（事实上这种病最多只能引起几个白点）。迈克尔的姐姐拉托娅反驳说，他们家没听说得过这种病，他变成这个样子完全是因为他想长得像个白人。

迈克尔还是个童星时，黑人艺术家所受到的种族歧视比今天厉害得多。情况好像是这样，因为自己不是个白人，使他一生感到无限痛苦。所以他采用了损害健康的手段去改变自己的肤色。他还有一个习惯，经常仿效中国的贵族打开旱伞保护他的皮肤，使它免受阳光的照射。

加利福尼亚州的史蒂文·M. 霍弗林（Steven M. Hoefflin）博士和阿诺德·克莱因（Arnold Klein）博士给他动了脸部手术，把他的黑人的脸变成高加索人的面孔。他觉得自己的鼻子有掉下来的危险，所以让医生用手术刀进行加工。要动刀的还有下巴、嘴唇和眼睛。"他想长得像个白人女子"，伦敦的一家名为《太阳》（Sun）的小报引用了一个美容外科医生的说法。杰克逊好像对自己的黑人外貌深恶痛绝，他自己想做一个白人，也想将来的孩子复制自己，所以选了白人女子做自己的妻子，使孩子们也是白皮肤的。这种做法引起美国黑人社会的普遍不满。

如果有人一心想着自己身体的某一部分，比如说鼻子，长得滑稽可笑，这种鬼迷心窍的现象可以称为边缘型障碍的一种病症。杰克逊的这种情况也可以使人推断，他之所以能忍受手术带来的疼痛，是因为他存在一种自残的倾向。在流行乐明星瘦弱的身上，同样可以找到饮食障碍的迹象。"有时泰勒用手硬塞给我吃，"杰克逊曾告诉人权维护者杰西（Jesse），"我有饮食障碍，但我尽量多吃。"

有一段时间，人们看到杰克逊戴着手套和口罩出现在公众场合，这是因为他害怕被人传染。有强迫性障碍的人常有一种病态的恐惧，害怕在接近其他人时受到病菌的传染。这种附加的强迫病征常常可以在边缘型障碍的特征中找到。

自恋是一种典型的边缘型障碍行为。它大大限制了流行音乐艺术家自我批评的能力。在英国的马丁·巴希尔（Martin Bashir）所拍的纪录片《和迈克尔·杰克逊的生活》（*Living With Michael Jackson*）中，杰克逊所说的欠缺考虑的话就足以证明这一点。这部影片的播出对超级歌星的声誉产生了灾难性的后果。涉世未深的杰克逊喋喋不休地说个不停，拿自己的生存去冒险。就连杰克逊最天真的歌迷也不相信他忽悠采访者的话。虽然别人指控他对儿童进行性侵犯，他却天真无邪地说："这和性爱无关，我们只是在一块儿睡觉，就这么简单……同床共眠，这是世界上最美的事儿。"杰克逊好像还生活在一个可以穿睡衣参加聚会的年代。他还继续往下说："我把他们放在床上，放点儿音乐，到了睡觉前听故事的时间，我就拿起一本书来朗读。"他还给孩子们热牛奶和点心。"这是非常甜蜜动人的。"他说了这些不识时务的话，最后给自己惹来了长期的官司，这表明他对自己的行为给别人造成的影响知之甚少。

早在 1993 年，杰米·查普曼（Jamie Chapman）首先指控杰克逊性骚扰，国际新闻界也纷纷掉转枪头反戈一击。歌星想跟一个 9 岁和一个 13 岁的男孩手挽手去参观耶路撒冷的哭墙，他认为这个主意妙不可言，却因犹太法师的阻止而未能实现。

杰克逊还声称他只做过两次鼻子手术，没有很多次，为的是"呼吸容易些"和"唱得洪亮些"，但谁也不相信他的话。因为有2360万的观众在美国电视里看过一部关于他做过的手术的纪录片。据估计，他至少做过七次鼻子手术和五十次其他的脸部手术。迈克尔却当众发誓："我对你们讲的是千真万确的，我没有让人在我的脸上干过什么。"

杰克逊多次被人控告，因为他有些成功歌曲的曲调是容易识破的剽窃作品。例如他唱的歌《你会守候在我身边》(*Will You Be There*)，和意大利歌星艾尔·班诺（Al Bano）的一首热门歌曲有异曲同工之处。但多亏他伶牙俐齿的律师，他才从来没有因此被判刑。

为了全面说明边缘型障碍的概念，不良的嗜好不可不提。1999年5月，杰克逊在托马斯的电视节目《打个赌》中出现，他说话含糊不清，声音几乎听不见，而且心不在焉，步履不稳，很明显，他一直滥用药物。在1993年，迈克尔承认对止痛药物如杜冷丁制剂、美沙酮麻醉药和安定镇静药产生依赖性。据他说，有一次在转动百事可乐的广告聚光灯时，他的后脑部被烧伤，对上述药物的依赖性是这次烧伤的后遗症。他曾去过伦敦的科尔克拉夫戒毒所治疗，后来百事可乐公司从主要赞助商中撤出。

杰克逊铺张浪费一掷千金。当地的副检察长科登·奥金克洛斯（Gordon Auchincloss）认为，这位超级明星已经破产。挥霍成性的他在2003年的债务高达3亿美元。

马丁的纪录片显示，有一次他和随从人员在商场中出现，在很短的时间内就订购了大量优美舒适的室内设备，价值600万美元，而且几乎不用供货商催账。他为慈母般的女友伊丽莎白·泰勒所举办的豪华婚礼进入了《吉尼斯纪录大全》。

为了对付他讨厌的敌人，其中包括史蒂文·斯皮尔伯格，杰克逊在马里的一个酋长那里花了 15 万美元买了一个咒语，还买了四十二头奶牛，马上把它们宰杀。据说为了使咒语生效，杰克逊要用牛血洗澡。

在他的声望登峰造极之际，杰克逊曾被问到他是否感到幸福。歌星回答道，他从来没有真正幸福过，只有在演出时，他才有一种接近满足的感觉。

少年彼得·潘（Peter Pan）是 J.M. 巴里（J.M.Barrie）编写的一本童话书的主人公，他根本不想长大。彼得有一天夜里到了温迪、约翰和迈克尔这几个孩子的房间，想和他们飞去梦幻岛，一个虚构的无人岛。

杰克逊 30 岁时离开父母的家，直接搬到位于加利福尼亚州的价值 2800 万美元的梦幻岛牧场。那里有一个儿童乐园，里面的设施一应俱全：旋转木马、大型转轮、电影院、舞蹈排练厅、爆米花和冰淇淋货亭、瀑布、有天鹅形小船的人工湖、小铁路以及一个绒毛动物园，里面有大象、狮子、长颈鹿、南美驼、爬行动物和猩猩。牧场是儿童所喜欢的郊外旅游胜地，受到特殊邀请的孩子可以在这里免费尽情欢乐。迈克尔是彼得·潘的转世，他企图在这里再造他失去的童年。这个年过 40 的人常在他的私人影院里看迪士尼的动画片。他经常把猴子抓来玩儿，喂它们比萨饼和冰淇淋。在牧场里有一间“玩具房”，里面放满超级英雄的模型，如传令兵、超人和《星球大战》（Star Wars）影片中的人物。一个成年人想重新回到童年是一种退化的标志，一种典型的边缘型障碍病征。

迈克尔·杰克逊在他的自传《月球漫步》（Moonwalk）中写道：“我相信，我是世界上最孤独的人之一。”

　　　　　　　　　　　　　　　　　隐　疾

一次自淫事故

在有人格障碍的人身上，癖性起了很大的作用，其中的一种癖好就是性欲。这里要提到澳大利亚的摇滚歌星迈克尔·哈琛斯（Michael Hutchence）和英国的电视节目主持人葆拉·叶兹（Paula Yates）的悲剧，和这种特别的嗜好有密切的关系，读起来就像是性爱、毒品和摇滚乐的综合故事。

2000年，一个女友打电话到葆拉在伦敦的一个高级住宅区的家里，接电话的是葆拉和迈克尔的4岁的女儿泰格·莉莉（Tiger Lily），她说："我没法叫醒妈咪。"女友听了这话顿时警觉起来，马上赶到葆拉的住所，看见她正躺在自己的呕吐物旁边。

她已匆匆离世，在她身旁放着伏特加酒瓶、精神病药物和海洛因。

魅力四射的葆拉曾是威尔士有名的演出公司老板叶兹的女儿。她16岁便离开学校去当追星族。她开始时在伦敦参加朋克族的一些活动，16岁时便爱上歌星鲍勃·格尔多夫（Bob Geldof）。此人是"新城之鼠"朋克乐队的先锋，他的代表曲目是《我不喜欢星期一》（*I Don't like Mondays*），由于举办慈善音乐会被女皇封为骑士（鲍勃爵士），新闻界尊称他为"圣·鲍勃"。葆拉和鲍勃生了三个孩子，分别叫菲菲·特里克丝贝尔（Fifi Trixibelle）、皮奇斯·霍尼布罗瑟姆（Peaches Honeyblossom）和皮西（Pixie）。

葆拉给《阁楼》（*Penthouse*）杂志当过裸体模特儿，出了一本照片集，取名为《穿着内裤的摇滚明星》（*Rock Stars in Their Undorpants*）。安迪·沃霍尔（Andy Warhol）称它为"本世纪最伟大的艺术作品"。葆拉当上电视节目主持人后一举成名，这首先归功于她得意忘形、卖弄风情和故意挑衅的采访风格。她躺在工作室的一张床上，和她的客人聊天并挑逗他们。例如她问米克·贾格尔："你裤子前面突出的是什么？"

迈克尔·哈琛斯是澳大利亚最成功的摇滚乐 INXS 的主唱歌星，接受过她的采访。每一个看过这次采访的观众都感觉到，双方都在眉目传情。INXS 意为"过分"，正好表现出歌星硬摇滚乐的生活风格。迈克尔是美丽的女歌星凯莉·米诺格和超级模特儿海伦娜·克莉丝汀森（Helena Christensen）的前男友。在生命结束前，葆拉称赞歌星难以置信的性功能，特别是他狂热得反常的性行为："在开始的几个钟头，他就在床上对我做七件事，其违反道德的程度足以把他送上法庭。"葆拉自愿加入迈克尔酗酒和吸毒的生活。为了取悦于他，她通过整容手术彻底改变了自己的外貌。

两人开始爱得如火如荼。于是葆拉和鲍勃为了他们的婚姻开始打得不可开交。在激烈的争夺当中，鲍勃爵士赢得了孩子们的管教权。在这件事上有一点起了一定的作用，就是警察在葆拉和迈克尔的巧克力盒内找到了鸦片。管教权的争斗使迈克尔心情沮丧，加上唱片销售的下降，使他面临焦头烂额的局面。

1977 年 11 月 22 日，有人在悉尼的丽思卡尔顿（Ritz-Carlton）酒店发现了迈克尔赤裸的尸体，他当时才 37 岁。法医在证词中说，迈克尔受啤酒、伏特加、香槟酒和可卡因的影响，在浴室内上吊身亡。在他的血液中找到了抗抑郁药盐酸氟西汀和其他精神病药。关于他自杀的原因，有人认为在他和葆拉的关系中困难重重；毒瘾使他意志消沉悲不欲生。不过从来没有人听到过他要自杀。就在死前的几个小时，他还和父母一起吃晚饭，接待过他的朋友，没有人听到过他有类似的打算。

葆拉无法相信迈克尔会自杀。她提供给新闻界另一种看法，和法医的鉴定截然不同。她说，迈克尔死于"自淫事故"。有人企图通过自淫提高他们的性欲，使用的方法是用绳子勒紧脖子，遏制氧气的来源，以达到激发性冲动的目的。通常他们做得非常小心谨慎，不致出什么事故。但有些人还是在这种自虐行为中一命呜呼。按照葆拉的说法，迈克尔是他的性欲的牺牲品。

像吸毒一样，人格障碍患者也通过纵欲无度的性生活去弥补幸福荷尔蒙的不足。当然，要做到这一点，最好像迈克尔一样是个俊美的明星，这样才会左右逢源。"极度"乐队的一个歌星，碰到了葆拉这样志同道合的人，她也显示出边缘型障碍的特征，表现为爱出风头、吸毒成性、疯狂做爱、抑郁沮丧。两个有这种障碍的人碰到一起，最后的结局就只能是个悲剧。

葆拉的生活希望破灭了，她完全陷入绝望当中。但祸不单行，命运的另一个打击接踵而来：在爱人死后的第三个星期，她发现自己根本就不是杰斯·叶兹（Jess Yates）的女儿。通过亲子鉴定，证明她偏偏是母亲和智力竞赛主持人休吉·格林（Hughie Green）通奸的产品（格林是叶兹的竞争对手，曾毁了他的前程）。这件事发生在母亲和叶兹结婚后不久。葆拉所不能容忍的是，这个她从小就恨之入骨的格林，竟然是自己的亲生父亲。

葆拉真像法医所猜想的那样，曾服用过量的毒品自杀吗？那为什么她在死前不久还买了多功能的洗涤剂和家具抛光剂呢？还是她无意识地服用了过量的毒品呢？这是个至今还没弄清的死亡事件——在有钱的俊男美女的世界中，这绝不是个绝无仅有的案例……

第五章

不明不白的死亡案件

俄罗斯的轮盘赌

在有边缘型障碍的人当中，自杀是司空见惯的。更常见的是，他们进行着危险的死亡游戏——一种俄罗斯的轮盘赌。他们向死亡挑战，想知道不死的底线，就是遭受失败也在所不惜，因为生活实在难以忍受。但他们不想真的离开人世，而要在死的欲望和生的追求之间找到平衡。也许这是一种强烈的刺激（体内吗啡或多巴胺的散发），他们企图通过接近死亡去获得这种刺激。迈克尔的撒手人寰可能就是这样的一种死亡游戏。

遗憾的是，在这种和魔鬼的搏杀中，经常发生不幸，而死的一方总是玩儿命的人。于是事情看起来像是自杀，实际上是件不幸的事故。

一种常见的表现形式是过度吸毒。在我们的边缘型障碍病人当中，有一些人超剂量服用多种毒品或药物后，每隔五天就被送到急救站抢救，结果是虽然死不了，但没有医生的治疗又活不了。最好的情况是把胃里的东西抽空，这常常会严重损害健康，有时甚至导致死亡。在他们苏醒过来后，我问他们为什么要损害自己的生命，他们大多数声言自己根本不想死，"只想得到安静"。如果有人因为超剂量滥用毒品在医院治疗过几十次，他就会久病成医，成为精神病药物和毒品专家。可以设想，许多这样的病人已经知道要服用多大剂量才会真的死去。要是有谁不再留恋人生，他就会视死如归，反正没有什么可以损失了。

许多不明真相的明星死亡事件，都可以用俄罗斯轮盘赌去进行解释。

感觉的大门

> 如果音乐停止了，就把灯都关上。
>
> ——大门乐队

在20世纪70年代，所有的嬉皮士姑娘都在她们的小花墙纸上挂着吉姆·道格拉斯·莫里森（Jim Douglas Morrison）的招贴画。吉姆来自佛罗里达州的墨尔本市，是个腼腆可爱的小伙子，目光温柔和纯洁。这个摇滚歌星本来想当作家，他的榜样是兰波（Rimbaud）、济慈（Keats）和凯鲁亚克。当他还是个少年时，就阅读弗里德里希·尼采（Friedrich Nietzsche）和让-保罗·萨特（Jean-Paul Sartre）的作品，恐吓和威胁他的老师，而且和酒精饮料交上朋友。他的"大门"乐队是按照奥尔德斯·赫胥黎（Aldous Huxleys）的毒品小说《感觉之门》（The Doors of Perception）来命名的。吉姆打开这个大门的钥匙，主要是享用印度大麻、致幻药、镇静剂、可卡因、海洛因和其他毒品。在60年代的南加利福尼亚它们是可以搞到的。

吉姆和大门乐队把诗歌和精神病混合起来，歌唱性爱、毁灭、革命和死亡。歌曲如《驾驭风暴》(*Riders on The Storm*)、《火光》(*Light My Fire*) 和《结束》(*The End*) 反映了时代的精神。吉姆的音域不是很宽，他的表演靠的是他的性感、独特的煽情和病态的抒情。这个心理学大学生的拿手好戏是煽动和操纵大众。他的音乐会往往以骚动结束，有时听众会在加利福尼亚的炎热中把衣服全部脱光。经常发生这样的情况，吉姆连续唱了几分钟的"奸你妈，杀你爸"，吓得他的歌迷们从歌厅夺门而逃。他在演出时几乎总是酩酊大醉，毫无顾忌和放荡不羁。由于"下流和伤风败俗的演出"，吉姆在舞台上被捕过十二次，有一次被判入狱六个月，在支付5万美元的押金后重获自由。从此以后，乐队在每次演出前都要向举办单位交五位数的"预防伤风败俗押金"。

在詹尼斯·乔普林和吉米·亨德里克斯去世以后，吉姆有一次在和朋友喝酒时说："你们现在是和三号巨星举杯共饮。"他发现自己和这些边缘型障碍人士在精神上有相似之处。和他们的共同之处在于：缺乏控制冲动的能力、毁灭性的酒瘾和毒瘾、抑郁沮丧意志消沉，还有自恋的狂热。

1971年7月2日，吉姆在巴黎和有海洛因瘾的女友帕梅拉·苏珊·库森（Pamela Susan Courson）做爱。不久后，他咳嗽着醒了，抱怨胸口疼，要洗个澡。帕梅拉早晨醒过来时，吉姆还躺在浴盆里——他死了。

有传言说，这个27岁的歌星服用了过量的海洛因。反对这种说法的人认为，他是个反对烈性毒品的人，曾企图劝他的女友远离海洛因。另一种版本说，帕梅拉把海洛因交给他，跟他说那是可卡因。他不明情况，误服了过量的毒品，结果昏倒了。她把他拖进浴盆，因为这样——据瘾君子的说法——对过量吸食海洛因的人有所帮助。

是肺血管栓塞？还是毒品和酒精导致心脏停止跳动？谁也说不清楚。从来没有进行过尸体解剖，在死亡证明书上医生的签名模糊不清，没有对死因进行过分析，唯一的证人是帕梅拉，她说已记不清那个医生的名字了。

如果比较一下吉姆·莫里森和吉米·亨德里克斯的命运，其相似之处简直叫人瞠目结舌。两人都是具有独特魅力的音乐家，名字也差不多。两人都是 27 岁死于吸毒无度，而且都有女友在场。而死亡的情况都是扑朔迷离。和吉米的女友莫妮卡一样，吉姆的女友帕梅拉也在几年后自杀身亡。

给我奏支死亡曲

边缘型障碍患者都是生死悬而未决的人。大概在十个患者当中，就有一个在华年自杀。我在精神病医院作为会诊医生工作时，经常有不同的监护病房的大夫因为同一个病人打电话给我，说该病人自杀未遂活了下来。这些病人大多都服用了大量药物或毒品，割开了自己的动脉，或者从一座高楼上跳了下来。弄清这些病人自杀的原因，确定他们是否还有再次自杀的危险，这些都属于我的工作。如果根据我的估计还存在这种危险，就要把这些人看管起来。如果他们尚能对付自己自杀企图的危险后果，就要把他们转到精神病院的隔离病房。在必要的情况下，不管病人是否愿意都要这样做。

当自杀行为威胁到别人时，精神病医生就可以申请把病人强行安置在隔离的地方。这种申请要经过法官的审查。如果有一个病人表示一有机会就要再次自杀，而且因上次没有死成而深表遗憾，这时精神医生就不能再冒风险了。有人会说，如果有人不想活了，这是他的自由。精神病医生休想让有独立思考能力的人改变他们自己的决定。如果有精神力量的人决定结束自己的生命，这和精神病医生没有什么关系。几乎所有的精神病人都有这种愿望。大多数的人受到抑郁沮丧、酗酒问题、边缘型障碍或其他精神疾病的折磨。当然也有这样的人，他们清醒地权衡利弊，觉得自己年老多病，家境困顿，孤苦伶仃，估计没有多大机会克服这些问题。但这是个例外。虽然有"环境所迫的自杀"，但比较罕见，更多的是短暂的可治的疾病造成的自我毁灭。还有一些人，他们患上不治的癌症，考虑到短暂的人生只剩下数月，还要饱受疼痛的折磨，所以悲痛欲绝。然而，病人因得癌症而自杀的风险只提高 1.8 倍，而抑郁的人自杀的危险性却增加 20 倍。在自杀的人当中，有些精神病是可以治愈的。比如说有一种抑郁症，可以通过服用一种抗抑郁药或进行精神治疗，在两到四个星期内得到控制。通过这样的诊治，自杀未遂幸免于死的人，根本想象不出自己不久前有过要死的念头。

我常问我的病人为什么要离开人间，这成了我的例行公事。有些人说他们不想谈这个。我毫不让步，直到找到原因为止。这样做不是出于好奇，因为这样做，对我做出一个决定无比重要，关系到是让病人回家，还是要把他留在医院进行观察。我在病床上见到的有些是自杀未遂（上帝保佑）的病人，他们多数受到边缘型障碍的折磨。他们为自己的行为提出的理由常常使我满腹狐疑。

人与人之间的关系常出现问题。我经常感到奇怪，为什么这些大多数还很年轻的病人，匆匆做出决定要撒手人寰呢？他们常常因为对方说错一句话，或为了些鸡毛蒜皮的事大吵一架；或者因为没有寄出软件监控系统，就突然打算要自我毁灭。这和边缘型障碍患者害怕孤独不无关系，还因为生活境况常使他们难以忍受，生命不再值得他们依依不舍了。

如果一个伟大的艺术家自杀死了，往往是因为抑郁症，甚至可能是边缘型障碍作怪。在自杀身亡的"死亡诗人俱乐部"中，我们找到了杰出的作家，比如海因里希·冯·克莱斯特、瓦尔特·本雅明（Walter Benjamin）、库尔特·图霍夫斯基（Kurt Tucholsky）、克劳斯·曼、马克西姆·高尔基、弗拉迪米尔·马雅可夫斯基（Wladimir Majakowski）、弗吉尼亚·伍尔夫、杰克·伦敦、欧内斯特·海明威、亨特·S.汤普森（Hunter S.Thompson）和希尔维亚·普拉斯。其他作家自杀未遂，如约瑟夫·康拉德、F.斯科特·菲茨杰拉德（F. Scott Fitzgerald）和尤金·奥尼尔。只有酒精和药物成瘾的田纳西·威廉斯（Tennessee Williams）是自然死亡：他想从一个小药瓶取出两片司可比妥镇静药片，结果被瓶盖噎死。

这么多有创意的艺术家英年早逝，使人惊恐不已。原因可能在于，在20岁到30岁，边缘型障碍是最活跃和最难忍受的。奇怪的是，这些受尽煎熬的岁月常常又是最具创意的年代。

不祥的 27

我恨透爸爸，

也怨恨妈妈。

妈妈憎恨爸爸。

这使你如此悲哀。

——科特·柯本的诗，写于 9 岁

科特·柯本死在他的车库里时，年方27。真是无巧不成书，詹尼斯·乔普林死于过量吸毒时，也是27岁。著名的吉他手布赖恩·琼斯（Briam Jones）27岁时，在酒精和毒品的影响下，溺死在游泳池中。11 月 27 日诞生的吉米·亨德里克斯，死于中毒时也是 27 岁。吉姆·莫里森辞世时 27 岁，正好是在 1971 年的第 27 周（1971=73×27！），而且是在吉米死后 13×27 天。席德·维瑟斯在毒品的影响下杀害了南希·施普恩，后者正巧出生在 2 月 27 日。

但这并不是在科特生与死时唯一奇怪的巧合。在美国"涅槃"乐队这位歌星的身上，实际上可以找到边缘型障碍的所有元素。

科特曾是个快乐的孩子。他经常微笑，总是迫不及待地等待第二天的来临。但当他 7 岁时，一切都发生了变化。当鸡尾酒调酒员的妈妈和任汽车机械师的爸爸离了婚。科特成了个包袱，被四个亲戚不断推来推去。他后来说，他没有感觉到有谁真的爱他。他经常躲藏起来，变得越来越讨厌，开始欺负其他同龄孩子。儿童精神病医生诊断他为"机能亢进"，要用派醋甲酯药物进行治疗。

在青年时代，他住在一个叫阿伯丁的小城市，在朋克迷和吸毒者出没的场所流连忘返。他把头发染成红色，偷窃酒精饮料，扔石头砸玻璃窗，到处厮打斗殴。这个泼皮顽少把"同性恋"香水喷在素昧平生的居民身上招惹是非。他和一个 18 岁的智障少女发生过性关系。他因而被拘捕，但没有被起诉，因为他在被指控后就躺在铁轨上，把一块水泥板压在自己身上，这时火车风驰电掣飞奔而来——但从另一条铁轨疾驰而去。

15 岁时，他用一部超 8 型摄影机拍了一部短片，名为《科特的血腥自杀》（*Kurt begeht blutigen Selbstmord*）。他在这个年纪就向他的朋友宣告："成了超级摇滚歌星后，我就把自己杀死，死得轰轰烈烈无比壮丽。"

他在 1986 年成立了"涅槃"乐队。乐队的名字暗示，科特所寻找的天堂不在这个世界上。乐队的音乐是 20 世纪 70 年代的摇滚乐、重金属音乐和朋克乐的混合：大声叫嚷，盛怒狂吼，响声如雷，震耳欲聋。科特过去的榜样是英国的"性手枪"乐队。他的一个朋友这么说他："在音乐上，他不一定知道自己想要什么，但他为人令人厌恶。"他的乐队演出的特色是：少而精的乐器搭配，电子吉他的音量很大，低音部和打击乐彼此呼应，没有吉他独奏，节奏强烈的和弦系列，冷漠淡薄的曲调和抑郁病态的歌词。谁在演出时离音箱太近，会被声压穿透。在演出结束时，价值2000美元的吉他被扔在音箱上砸成了碎片。"何人"乐队和吉米在60年代就是这么公演的。这种人工制造的被称为"粪便"的音乐，是一代人愤怒的吼声，是一个战斗的宣言，矛头指向录制在电脑上的油腔滑调的录音室音乐，在80年代，这种音乐掌控了流行歌曲的演播。

乐队魅力的大部分来自科特洪亮而沙哑的嗓音，它传播出失意和恼怒，悲痛和委屈。虽然他是所有卖弄风情的少女仰慕的偶像，但他不想成为大众的宠儿，而是反其道而行之。他萎靡不振，若有所思，拒人于千里之外，这是典型的摇滚殉难者的形象，这正好触动时代的神经。在他去世后，至少有六十八个青年自杀，留下的遗书指出他们的自杀是受到科特的死的启发。

"涅槃"乐队最成功的单曲是《少年心气》（*Smells Like Teen Spirit*），它给乐队带来了5.5亿美元的收入。这使乐队的成员惊喜若狂，这样的成果是他们始料不及的。明星的生活使科特无法忍受。"如果有摇滚歌星速成班，我一定报名参加。"他觉得巡回演出是个沉重的负担，莫名其妙地得了胃痛，医生对此没有什么办法。他把海洛因作为止痛的良药，但首先得克服对打针的恐惧。

他的音乐导致有些歌迷的行为不轨，这使他十分迷惑不解。举个例子说，他的讽刺歌曲《强奸我吧》（*Rape Me*）本来是反对向妇女施暴的，却被人完全误解。有两个男人在强奸一个女孩时竟然唱起他这首歌曲。

科特是个武器迷，他所收藏的武器两次被警察没收。他在一次采访谈话中承认，他曾经想在一次学校舞会中，用霰弹枪杀死所有在场的人。

24 岁时，他认识了曾当过脱衣舞女的科特妮·洛芙（Courtney Love）。这个女子完全符合边缘型人格障碍的标准。在她 3 岁时，曾是个嬉皮士的母亲离她而去。医生在科特妮的身上诊断出孤狂症，她不得不接受几年的精神病治疗。14 岁时她被开除出学校，原因是她和老师过从甚密、饮酒无度和在商店偷盗。由于多次吸毒她被判监禁，到 2005 年才从一家戒毒医院放出来。她有自残的倾向并有所行动。她有一次这样谈论自己："我的脑袋有时完全失控，我说得太多，大喊大叫，光着身子到处乱跑。我变得歇斯底里，把自己的胳膊割伤，砸破玻璃窗，这一切真该死。"她时常情绪失控，不断违法乱纪，曾把麦克风扔向一个粉丝的脑袋，使他顿时头破血流。在一次为被强奸和受殴打的妇女募捐的慈善集会上，她竟和一个妇女扭打起来。她还抗击警察，企图入门盗窃，使用武器伤害他人，用酒瓶攻击情敌，结果遭到了控告。

科特妮是个业余的多面手，曾当过舞女、歌手和演员，但只出演过 1986 年的《席德和南希》（*Sid and Nancy*）一片。虽然她毫无才能，却能闯进好莱坞，提起此事有一点可能很重要，她在"窟窿"乐队演出音乐剧时，没有放弃过跳脱衣舞。把她说成是个难以对付的人，恐怕一点儿也不过分。

1992 年，科特妮怀了科特的孩子。就连在怀孕期间，她对毒品也是不离不弃。科特也不可救药地沉溺于海洛因。1992 年，他第一次不得不进了戒毒所。1994 年 3 月，他昏迷得不省人事，被急救车送进一所医院。他曾想用香槟酒服下五十片止疼药，以结束自己的生命。在他的妻子、一些朋友和他的经理的压力下，他进了洛杉矶的一所医院，进行消除海洛因毒瘾的治疗。结果没过几天他就从医院一走了之。他的妻子为他申报失踪，同时聘请了私人侦探汤姆·格兰特（Tom Grant）寻找她的丈夫。最后查明，他逃到了他的故乡西雅图。

一个电工发现他被枪击中，躺在自己的车库中，他的霰弹枪还对着自己的下巴，在他身边放着一封用红墨水写的遗书，是给他的妻子和19个月大的女儿弗朗西丝·宾恩（Frances Bean）的。在他的血液中验出海洛因、酒精和镇静药。

在这个故事中，所有的一切都不谋而合了：父母离异所造成的精神创伤，童年机能亢进的症状，青年时期的孤独怪僻，对毒品不离不弃的依赖，事业有成却又抑郁沮丧，滥用毒品导致自杀身亡，留下告别信与世长辞。难道这一切都是巧合吗？

"他有些事儿不大对头。"科特妮雇来的侦探格兰特说道。他不大相信这是自杀。科特妮知道科特想过要离婚。在他死前的几个星期，她要找一个最卑鄙恶毒的离婚律师。在科特死后，有一个无名人士企图使用他的信用卡（没有在死者身上）取钱，直到尸体被发现后，才停止这种行径。警方注意到在武器上面没有留下可以辨认的指纹。

那封告别信可能不是真的告别信。我们可以这样解释它：科特想离开音乐行业，但并不想离开这个星球——上面没有一句关于他要自杀的话。手迹专家对他写给科特妮和女儿弗朗西丝的信表示怀疑。此外还有警察从未见过的第二封信，这是科特妮在一次和《滚石》（Rolling Stone）杂志的谈话中无意透露出来的。这封信表示，科特想要离开科特妮，但并不想自杀。

在解剖科特的遗体时，发现他服下的海洛因和安定药片超过致命数量的三倍。对自杀持怀疑态度的人认为，就连习惯大剂量海洛因的瘾君子，在这种状态下也无法拿起武器自杀。侦探格兰特进行了深入的调查，听了几十盘科特和亲友谈话的录音，最后得出结论：科特妮和看护孩子的男保姆迈克尔·德维特（Michael Dewitt）一起杀死了科特，因为他计划和科特妮离婚。

我们不晓得所发生的事情的真相。至少科特使人怀疑他是否真的自杀了。因为这不是唯一的一次，从前就有过人格障碍患者，他们把自己的死安排得天衣无缝，但还是有人怀疑其死因。例如玛丽莲·梦露、罗密·施奈德（Romy Schneider）、吉姆·莫里森、埃尔维斯·普雷斯利和埃德加·爱伦·坡。人世间流传着种种离奇和浪漫的说法，说他们是被谋杀的。不管是否有意，这些艺术家把他们的死安排得扑朔迷离，使寻找线索的侦探觉得，谋杀和自杀的假设都一样可能。于是传奇便产生了，他们在死后获得更多的同情，通往永生的大门就这样打开了。

父亲不得不开枪

当马文·盖伊在 1984 年被安葬时，有数万群众参加了葬礼，史提维·旺德（Stevie Wonder）演唱了歌曲。马文的遗体被安放在灵床上时，穿着他最后的演出服：一套金白两色的军服。这位黑人现代爵士乐歌星唱过六十六首热门流行曲，其中包括《我是听小道消息说的》（*I Heard It Through the Grapevine*）和《性的康复》（*Sexual Healing*）。他的去世异乎寻常——他是被自己 70 岁的父亲开枪打死的。

直到死前，马文所过的是典型的边缘型障碍患者的生活。他的童年是场噩梦。父亲老盖伊开始时在一间小教堂当传教士，后来的大部分时间没有工作。他禁止他的儿女们受尘世生活的各种诱惑，诸如跳舞、运动、电视、流行音乐、无袖衣服、尼龙丝袜、唇膏和指甲油，要求他们和他一起熟读《圣经》的片段，如果答错了试题就狠揍他们。在很长时间里四个孩子都尿床，少不了又要挨打受罚。

拳打脚踢自然是家常便饭。从7岁到青少年时期，马文不断受到残暴的鞭笞。"不只是殴打那么简单，"小盖伊后来说，"他整天捉弄人，先让我等着受罚，等整整一个钟头，然后挥舞起他的腰带，啪嗒啪嗒地响，接着开始使劲抽打。我和其他孩子都知道，这样打人是他的一种乐趣。如果母亲不在的话，我可能就成为众多自杀儿童中的一个，在报上有许多关于他们的报道。"

马文对他的父亲既憎恨又佩服，但父亲对儿子总是恶声恶气。然而老盖伊不是个典型的大男子主义者，他很女性化，喜欢穿女人的衣服或者头戴假发。有一天，一个记者问马文的母亲："您的丈夫是个同性恋吗？""我不能肯定，"她回答道，"我只知道，他的姐妹当中有五个是同性恋。他自己爱穿我的内裤、睡衣或尼龙丝袜。"小盖伊经常因为他的"女人气"的父亲被人嘲笑，于是他把自己的姓 Gay（义为"同性恋者"）的后面加了个"e"以示区别。然而，他告诉记者："老实说，我也一样感到女人衣服的魅力。但这和我被男人吸引是两回事。但如果别人把我看成女人，我将乐不可支。但这样又使我有点儿害怕，我会害臊和惭愧几个星期。"

小盖伊离家出走，从父亲的压力下解放出来后，他在短暂的余生中体验过尘世间的一切恶行陋习。他和女人有过无数桃色事件，曾欺骗、殴打、用刀威胁她们。女人在他的要求下，和他一起做些古怪的性交动作，奇怪的是，他反而因此鄙视她们。在他的公寓里，充满色情和施虐画面的杂志堆积如山。他经常邀请五六个男女到家里，把他们分成小组，看着他们寻欢做爱。

一个叫迪蒂·塔塞尔·托尼（Titty Tassel Tony）的脱衣舞女教他抽印度大麻，后来又增加了可卡因、快克和合成毒品"天使粉末"。不仅是怯场，还有很多其他的恐惧伴随着他的一生。"在日常生活中，我已经大量吸毒了，"他对采访记者说，"但如果我去巡回演出，数量就会翻上三番。"

他挣的钱数以百万美元计，但到他去世前，还有200万美元的债务。他把所有的钱都花在他在洛杉矶和牙买加的庄园上，里面有豪华轿车、高级游艇和内设水床的录音工作室，还有一个宽大的游泳池。其他的钱花在大量的可卡因上。

马文·盖伊是个极端的自恋狂。一个记者问过他，想以什么身份进入史册，他十分严肃地回答："以世界上至今最伟大的艺术家的身份，至少也是其中的一个。"他自诩是个世界水平的运动员，这种自吹自擂未免有点滑稽可笑。在一张广告单中居然写着："马文·盖伊是个出色的全能运动员，是杰出的游泳选手，短跑运动员，跳高选手，棒球、足球和篮球运动员。他和这些体育项目的有名大腕儿可以在正式的比赛中较量一番。"但广告只字未提，对于这样的挑战，盖伊无疑太瘦弱，太业余，而且太老了。

他的第一个妻子安娜·戈迪（Anna Gordy）生不出小孩，他就强迫她穿上孕妇服，垫大肚子假装怀孕，然后收养了一个婴孩。他想有一个孩子，但又不想被人说他阳刚不足。

他多次想过要自杀，有一次在一个钟头内用鼻子吸了28克可卡因，然后打电话跟母亲告别，因为他以为这么大的剂量足以置他于死地。结果他死里逃生活了下来。

盖伊有时想象有人要杀害他——这种妄想狂的想法后来成为严酷的现实。他于是花大笔钱雇用贴身保镖，自己身上总穿着防弹背心，开始收集武器防身，其中包括一支冲锋枪。

隐　疾

到了 1984 年 4 月的一天，在父母的家里开始了一场没有恶意的争吵。老盖伊喝了大量的伏特加，小盖伊刚吸完毒品快克，盯着正放映色情录像的电视机。老盖伊因为找不到一份保险单，对着老婆大喊大叫。这时母亲正坐在儿子的床边。小盖伊蓦地跳了起来，殴打他的老爸，把他推倒在地上，对他拳打脚踢。母亲冲到两人中间。父亲跑回到他的睡房，拿出一支 38 毫米口径的手枪。枪是儿子因为怕被人追杀而买的，后来不知什么缘故给了他爸。父亲向儿子开了两枪，第二枪是多余的，其实第一枪已经致命。

老人被判六年有期徒刑，缓期执行。法官认为是他儿子挑起了整个事件。盖伊的一个保镖告诉记者，这位现代爵士乐歌星本来就想自杀。他说："盖伊想死，但自己下不了手，于是激怒他的老爸动手。"

玛丽莲·梦露究竟是怎样死的

影星玛丽莲·梦露死时的真实情况是什么样的？她死得神秘莫测，扑朔迷离。但这一切都有一个解释。

她的童年是一系列的心灵创伤。玛丽莲出生于 1926 年 6 月 1 日，原名是诺尔玛·珍妮·莫滕森（Norma Jeane Mortenson）。她的出生是个错误。谁是她的父亲，直到今天还没有人知道。她的母亲格拉迪斯·贝克（Gladys Baker）产后就得马上全天工作，所以生下来刚十二天的婴儿就被托给一家人照顾。7 岁时诺尔玛在她母亲那里度过了短暂的时间。不久后母亲就得了精神病，被送到一家疗养院。有人说，她患的是妄想型精神分裂症；其他人说，那是抑郁症。可能实情就在这两者之间，她得的是一种所谓情绪型的精神分裂症。

在格拉迪斯进入疗养院后，诺尔玛去了格雷丝·麦基（Grace Mckee）的家，她是母亲的一个女友，整天酗酒。格雷丝把一间房租给了金梅尔（Kimmel），他是个德高望重的先生。据说有一天，这位品格高尚的先生把幼小的诺尔玛拉进他的房间并强奸了她。当她把这件事告诉她的养母时，她对这个指控毫不理会。她不相信诺尔玛，也不能想象这个道貌岸然的金先生会摧残一个如此年幼无辜的女孩。

格雷丝后来和一个叫欧文·戈达德（Ervin Goddard）的男人结婚，9岁的诺尔玛不得不进了孤儿院。11岁时她又回到格雷丝那里，终于盼来了家庭生活。可是好景不长，很快又发生了她的第二次心灵创伤：欧文企图强奸他的这个养女。当诺尔玛把这件事讲给格雷丝听时，这个养母又第二次把她打发走。诺尔玛七次被不同的养母和孤儿院推来推去。直到她15岁时，生母可以离开疗养所了，她才回到家里跟母亲和养父一起生活。

诺尔玛13岁时，她的身体就已曲线毕露窈窕尽显。她丰满的胸脯在绷紧的毛衣下凸显，美不胜收。她穿着男式的牛仔裤，两次被学校打发回家，因为女孩得穿裙子。诺尔玛很快便受到大家的喜爱。"每当男人见到她时，都拼命按车上的喇叭……世界变得多么和蔼可亲。"

诺尔玛16岁时，当时抚养她的家庭怕招惹是非，把她嫁给邻居的儿子吉姆·多尔蒂（Jim Dougherty），那时她认识他才几个星期。事后她称这段婚姻"无聊死了"。第二次世界大战期间，吉姆当上了海军士兵，长期离乡背井，她感觉到孤单寂寞，经常借酒消愁，常与许多男人巫山云雨。诺尔玛20岁时和吉姆解除了婚约。

玛丽莲在她的一生中有过多少个男人，对此无人知晓。但她有过无数的露水之情，这是证据确凿的。对她的性爱行为简直可以称为淫乱。当然也有一些男人声称曾和玛丽莲一起卿卿我我，其实纯属子虚乌有。但也有很多男人否认和她有过风流韵事。

玛丽莲很早就开始了她的明星生涯，她在思想上目标明确：当一个电影演员。"当我盯住好莱坞的颁奖晚会时，心里在想，一定有成千上万像我这样的女孩梦想成为好莱坞明星。但我并不担心她们，因为我的梦想最为强烈。"

1944年，玛丽莲18岁，她被一个摄影记者发现，开始了她的模特儿生涯。两年后她拿到了第一份电影合同。但在一年后她就被解雇，既没有工作，又没有现金，可谓一贫如洗。为了支付上戏剧课的费用，她做了兼职妓女，在好莱坞大街的横街接客。

1947年，玛丽莲21岁，她成了20世纪电影公司69岁的制片人乔·申克（Joe Schenck）的情人，希望他对自己的演艺生涯有所帮助。几个月后，她拍了一部色情影片。在这段时间，一个男人从窗口进入她的卧室，她再次被强奸。当一群警察闻讯赶来后，她指着其中的一个警官，说他就是强奸犯。当时没有人相信她，因为她已经声名狼藉了。对那个警官的指控最后不了了之。

1949年，玛丽莲为一本年历当裸体模特儿。这种做法在今天几乎是获得好莱坞电影角色的必由之路。但在当时，这还是一件轰动一时的大事，几乎毁掉她在好莱坞的前程。在1953年，她成为新出的《花花公子》（*Playboy*）杂志的裸体模特儿，她的照片被首次印在"中心插页"上。

1951年后，她开始飞黄腾达，成为性爱的象征，拍了一部又一部影片，例如：《绅士爱金发女郎》《夜阑人未静》和《愿嫁金龟婿》。她肯定不是个古典美人，但她身上有些东西能把男人弄得神魂颠倒：她矫揉造作，假装单纯天真，千方百计施展她强大的性魅力。

毫无疑问，当时也有办法让人锦上添花：梦露让人垫高自己的鼻子，治好身上的伤疤，用硅酮使下巴变软，漂白全部的牙齿，用氧化氢把头发染成金色，隆胸就完全没有必要了。

在采访谈话中，她坦然无忌，向一个记者透露："我的衣服里面是真空的，根本没穿内裤、短衬裤、吊袜带和乳罩。"

虽然在事业上青云直上，玛丽莲还是十分不幸。她在 10 岁时就有的恐惧症状后来成了个大问题——社会恐惧症，在激动时说话结结巴巴。到了 15 岁，她在大庭广众中说话时语无伦次。后来她非常害怕以她为中心的拍摄场面，在镜头前面有时会呕吐，身上会长出红斑。导演霍华德·霍克斯（Howard Hawks）说："演的角色越重要，她就越发害怕。"

社会恐惧症有一点很典型，就是患者要求自己尽善尽美，渴望受到别人的欢迎；同时有一种荒谬的近乎病态的恐惧心理，害怕社会的某些状况和别人对自己的负面评价。玛丽莲常常不守信用，拍电影经常姗姗来迟，甚至干脆就不来。这可能由于她过分害怕在拍重要的场面时稍有闪失。她很早就服用一种叫巴比妥酸盐的镇静药和酒精饮料，治疗她的社会恐惧症。

她在 1955 年开始接受心理分析治疗。在生命结束前，她看过不同的精神病医生，有时多达每周五次，见分析医生的次数比见她的丈夫还多。就连这样频繁的治疗也好像对她收效甚微，因为她的害怕心理和滥用的药品都与日俱增。她的医生不断地给她开药方，而她却抱怨说，这些药方不断地挖掘她过去的问题，而不是帮她过好目前的生活。

对安眠药的依赖使玛丽莲的演艺生涯日渐困难。因为她没有如期赴约，使她的多份电影拍摄合同都被解除。由于常常忘记台词，使她的演员名声严重受损。大腕儿比利·怀尔德和她合作过，而且成果斐然，但他把这段合作称为"一场噩梦"。他说："和她拍电影，就像看牙科医生，治牙的过程灼疼难忍，但过后便轻松愉快。"由于她被誉为性象征，随着年龄和体重的增加，她就变得人老珠黄不值钱了。

她和无数男人的密切关系并没能帮她获得身份或找到生父，这使她感到非常绝望。她一生都倾心于位高权重、大部分是上了年纪的男人，叫他们"干爹"。这样的称呼甚至出现在她的歌词中："我的心属于干爹"，"每个人都需要有个干爹"。

人们在背后议论纷纷，说她曾和许多有名男人幽会厮混：例如马龙·白兰度（Marlon Brando）、尤尔·伯连纳（Yul Brynner）、托尼·柯蒂斯（Tony Curtis）、小山米·戴维斯、阿尔伯特·爱因斯坦（Albert Einstein）、霍华德·休斯（Howard Hughes）、约翰·休斯顿（John Huston）、伊利亚·卡赞（Elia Kazan）、迪安·马丁、罗伯特·米彻姆（Robert Mitchum）、伊夫·蒙坦、米基·鲁尼、弗兰克·辛纳屈和奥森·威尔斯（Orson Welles）。其实她并不完全专注于男女性爱，据她的戏剧女教师说，玛丽莲也热衷于和女人亲昵相拥，其中就有琼·克劳馥（Joan Crawford）。她的电影男伴托尼·柯蒂斯有感触地说："吻她（玛丽莲）就像吻希特勒（Hitler）一样。"

她的第二任丈夫乔·迪马乔（Joe DiMaggio），一个著名的棒球运动员，动辄对她拳脚相加，主要是因为她在别的男人面前过分地袒胸露背。比如说那个众所皆知的镜头：她站在地铁竖井口上面，气流掀起她的裙子，她的三角裤显露无遗。她和迪马乔的婚姻只维持了九个月，但他们之间的友谊继续延续了几年，这对她来说是绝无仅有的。

在玛丽莲和别人的关系当中，没有可以称为正常的。这包括她和知识分子阿瑟·米勒的婚姻。他是最知名的作家和剧作家之一（作品有《推销员之死》）。在此期间她怀过几次孕，每次都以堕胎结束（她称之为流产）。

在拍摄《让我们做爱吧》时，她看上了法国演员伊夫·蒙坦（当时是伊迪丝·琵雅芙的情人），曾和他暗度陈仓。1961年1月，玛丽莲和阿瑟·米勒在结婚一年半后离婚。在此之前，两人经常吵得天翻地覆、鸡犬不宁。

后来玛丽莲认识了肯尼迪兄弟。她爱上了当时的美国总统约翰·肯尼迪（John Kennedy），在他40岁生日时，她含情脉脉地对他说了声"生日快乐，总统先生"，这就足以说明问题。她也受到过总统的弟弟罗伯特（Robert）的恩宠。虽然许多的传记作者没有指出她和罗伯特有过恋情，但可以肯定的是，她和约翰·肯尼迪有过床上的一夜（不多也不少）情。肯尼迪的顾问彼得·萨默斯（Peter Summers）有一个朋友叫彼得·劳福德（Peter Lawford），此人是肯尼迪兄弟的亲戚。萨默斯声称，有一天他在劳福德的房子里看见玛丽莲和约翰·肯尼迪一起从浴室里走出来，她身上只缠着一条浴巾。他说："很明显，她刚在里面和他洗过淋浴，这是有目共睹的，但他们两人都装得好像若无其事。"

在她生命的最后几年，玛丽莲在不同的精神病院进进出出。首先值得注意的是，她对巴比妥酸盐药物和酒精饮料的依赖性，还有她的抑郁心情、焦虑不安和夜不能寐。由于服药成瘾和长期不能如期赴约，她不得不退出影片《爱是妥协》的拍摄。摄影方不想再理会这个言而无信的女演员。在多次过量滥用巴比妥酸盐和伏特加后，她处于昏迷状态，被送进医院洗胃。1962年2月，她被强制送进精神病院治疗。

此后，她由一个新的精神病医生拉尔夫·格林桑（Ralph

隐　疾

Greenson）博士治疗。两人来往密切，关系非同寻常。博上和他的女精神病人天天会面。玛丽莲和她的精神病大夫从此难舍难离，甚至搬到在他住地附近的布伦特伍德（在加利福尼亚州）。对她的照顾成了博士的全职工作，他为玛丽莲雇了一个叫尤妮丝·默里（Eunice Murray）的女管家，由她定期开车送女病人去格林桑的住宅，同时监视她的一切活动，并向精神病医生报告。

对于格林桑博士这种异乎寻常的关怀，有人解释为有钱能使鬼推磨，另一些人则认为他对玛丽莲早就垂涎三尺。但也有这种可能，他的这种无微不至的关怀纯粹是对一个病危病人的担心。

1962年8月4日，在去世的前一天的傍午时分，她和大夫进行过长时间的会谈。到了傍晚，她的一个熟人报告，由于精神病药物的作用，她显得有点神志模糊。她的内科医生海曼·恩格尔伯格（Hyman Engelberg）博士，刚给她开过一种叫戊巴比妥的新安眠药。他原来曾受格林桑的委托接手玛丽莲的药物治疗。后来格林桑发现，病人同时让两个医生开药方，于是想收回单独开方权，以停止这位女星滥用戊巴比妥的行为，改用一种叫水合氯醛的安眠药，因为这种药不容易使人上瘾。

第二天凌晨3时30分，女管家尤妮丝打电话告诉格林桑博士，说玛丽莲有点不对头。医生风驰电掣般的赶到她的房子，进到她的卧室，这时她已香消玉殒。她全身赤裸，脑袋朝下趴在床上，身旁放着一个安眠药瓶。法医把死因确定为"可能是自杀"。在她的血液里找到戊巴比妥和水合氯醛。

每当超级巨星去世而死因还没弄清楚时，总是传言鼎沸飞短流长。这时的流言蜚语和阴谋论甚器尘上。例如说：玛丽莲知道太多有关肯尼迪家族的事情，危害到国家的安全，所以不得不死。还有人说：黑手党买凶谋杀了她，是对罗伯特·肯尼迪的报复，他作为司法参议员追捕过这个组织。谋杀论指出，玛丽莲血液中戊巴比妥的浓度很高，这样大剂量的药只能通过注射才会进到体内（但在她身上并没有找到针孔）。

然而，对她去世的最可能的死因却很少有人进行过讨论。我们在玛丽莲的身上清楚地看到边缘型障碍的症状，例如情绪失控，这可以归咎于她的童年时期所经历的典型危险因素：受到严重的忽视和冷落，抚养人的频繁更换，在收养院的痛苦遭遇，再加上受到多次的性侵犯。边缘型障碍的典型特征还包括变化无常的关系，她在职业生涯开始前的淫乱性生活也是一种症状的表现。除此之外，她抑郁沮丧，对社会充满恐惧，不得不服用巴比妥酸盐和酒精饮料。她还吸毒成性，酗酒无度，并企图自杀，这些都是边缘型障碍的特征。

玛丽莲的边缘型障碍还表现为：她很在乎自己给别人的印象。她扮演的不是威胁、毁灭男人的荡妇，而是温文尔雅、值得信赖的国色天香。她一方面天真单纯、诙谐幽默，需要呵护；另一方面又自然温柔，女人味十足。两者混合起来，使男人疑虑尽消，性欲得到了满足。但玛丽莲对女人也产生一种神秘的魅力，否则就不会有成千上万的女人模仿她的音容笑貌了。

她的言而无信，在职业上的胡作非为，不仅是她不良嗜好的后果，而且也是情绪失控的表现。在边缘型障碍患者身上经常可以看到自我陶醉和虚荣心。这也足以说明她进入电影界的雄心壮志，为此她可以不择手段，例如向一个年近 70 岁的制片人献身。

如果边缘型障碍病情严重，那么所有的治疗都是徒然。在这个病例当中令人惊异的是，一个身患重病的女人居然能够成为最有名的女演员、西方世界男人的梦中情人、无数女子的偶像，以及百万富翁、演员和总统的爱慕对象。这也说明了我们多么艳羡有人格障碍的人。

对她 36 岁就英年早逝的原因，有一个可信而可能的解释，过去几乎没人考虑过，因为这种解释不够性感、平淡无奇而且令人沮丧。这个解释就是：玛丽莲的死可能是场事故，除了玛丽莲自己，谁也没有责任。像过去无数次那样，她企图用更大剂量的安眠药去消除她的边缘型障碍所造成的恐惧；也像无数次所做的那样，她把什么药都糊里糊涂地吞咽下去，只想图个安静，摆脱所有可怕的恐惧和不堪忍受的痛苦。

根据另一种理论，精神病医生格林桑和女管家尤妮丝要对她的死负责，因为尤妮丝按照格林桑的指示给玛丽莲灌进水合氯醛，和已服用的戊巴比妥药片混在一起，起了致命的作用。但医生的失职大概已无从证实。就像边缘型障碍病人常做的那样，玛丽莲利用她的两个医生格林桑和恩格尔伯格的矛盾，分别从他们两人那里弄到药物。一方面，恩格尔伯格被迫继续给她开戊巴比妥，因为对巴比妥酸盐上瘾的人突然停药是非常危险的。另一方面，格林桑认为，开水合氯醛是正确的，因为他想以此消除病人对戊巴比妥的依赖。至于后来病人自己服了多少，两个医生都没法监督。

在玛丽莲去世前的几个小时，有许多人给她打过电话，其中有她前夫乔·迪马乔的儿子、她的一个情夫若泽·博兰诺斯（José Bolanos），还有她的理发师悉尼·吉拉罗夫（Sidney Guilaroff）。格林桑博士这天在玛丽莲身边待了很久。在房子里还有演员彼得·劳福德和罗伯特·肯尼迪，至少尤妮丝是这么说的。除了女管家外，女管家的女婿也在房内。

影星接电话时含糊不清的声音引起了给她打电话的人的注意。玛丽莲的律师米尔顿·鲁丁（Milton Rudin）请尤妮丝赶紧去看看她。女管家在回电话时说"她在睡觉"——其实这时玛丽莲可能已经处于昏迷状态。由此可见，在这一天玛丽莲的周围总有人在，而且她还打过多次电话。这使谋杀的说法不攻自破，谁会偏偏在她和他人频繁接触时去谋杀她呢？再说，当一个人对大剂量的巴比妥酸盐习以为常时，你再给她增加一点儿也不知有何结果。企图这样去杀人，实在是过于鲁莽和冒险了。说这是有计划的自杀，这种可能性看来可以完全排除，因为房子里有那么多人，这天肯定不是自尽的大好时机，这样做很容易被发现。

玛丽莲以前已多次服用过超量的安眠药。按逻辑来说，她不会简单地用比平常多服几片的办法去自杀。她长期积累起来的对精神病药物的知识足以使她认识到，为了万无一失，要做就要做得彻底一点儿。俗话说久病成医，在多年服药成瘾后，就会变成一个药物学家，对某一类药物了如指掌。还有，适应了大剂量之后，要大大提高剂量，才能做到真正寿终正寝。

玛丽莲为什么不服用剩下的 10 片水合氯醛药片和 44 粒利眠宁胶囊（安眠药）呢？她死后在她的床边找到这些药，还有，她又为何不咽下那 24 粒普鲁米近胶囊（镇静药）呢？这些药就在她身边。使用这种有助于抑制恶心的药，她还可以阻止呕吐。众所周知，在一次服用了许多这些药片后，如果把它们全部吐出来，自杀就可以得到阻止。

如果她真的想死，那天就不会跟朋友打那么多的电话，因为他们会从她模糊的声音中听出她服了过量的安眠药，就会派人来进行救助。她还会估计到，尤妮丝和她的女婿每时每刻都会来看她，而她无法锁她房间的门，因为锁已经坏了多日。她最可能想到自己又被人送到医院洗胃，对她来说，这是个非常痛苦的过程。

简而言之，她并不是故意要死，只是多吃了一些药片，过量的巴比妥酸盐和戊巴比妥不幸造成呼吸中断，最后导致她的死亡。为什么没有人把这个边缘型障碍造成事故的简单判断看作最为可信的呢？这是因为健康的人根本不懂，居然有人如此轻率地玩这种死亡游戏。

跨越界限的人

看来过量吸毒和酒精中毒是艺术家英年早逝最常见的原因，就像下面的表格所显示的那样。这里所列举的只是最有名的音乐家、演员和作家。此表还可以不断补充下去。所列举的人大多死得很早，往往也死得很惨，看来这并不偶然。

"边缘型障碍"这个词在这里出现时，有一个新的意思：跨越界限。

死于酗酒和吸毒的名人

朱迪·加兰（Judy Garland）	女演员和歌星	巴比妥酸盐过量
珍·茜宝（Jean Seberg）	女演员	巴比妥酸盐过量
玛丽莲·梦露	女演员	巴比妥酸盐过量
布赖恩·爱泼斯坦（Brian Epstein）	披头士乐队经纪人	巴比妥酸盐过量
布赖恩·琼斯	滚石乐队成员	在巴比妥酸盐影响下淹死
埃尔维斯·普雷斯利	摇滚歌星	安眠药和止痛药过量，心脏病
比利·霍利迪	女爵士歌星	心脏病，滥用海洛因引起肝功能衰竭
查理·帕克（Charlie Parker）	爵士乐萨克斯管吹奏家	海洛因和酒精
切特·贝克（Chet Baker）	爵士乐小号吹奏家	在海洛因影响下跳楼
詹尼斯·乔普林	摇滚歌星	海洛因过量和威士忌
约翰·贝鲁西（John Belushi）	演员	海洛因和可卡因过量
迪迪·雷蒙（Dee Dee Ramone）	拉蒙内乐队成员	海洛因过量
席德·维瑟斯	性手枪乐队成员	海洛因过量
希勒尔·斯洛瓦克（Hillel Slovak）	红辣椒乐队成员	海洛因过量
葆拉·叶兹	电视节目女主持人	海洛因过量
吉姆·莫里森	大门乐队成员	海洛因过量？原因不明

艾伦·威尔逊（Alan Wilson）	愤怒乐队成员	海洛因过量
博比·哈特菲尔德（Bobby Hatfield）	正直的兄弟乐队成员	可卡因导致心脏衰竭
约翰·恩特维斯托（John Entwistle）	何人乐队成员	可卡因造成心脏衰竭
汤米·博林（Tommy Bolin）	深紫乐队成员	吗啡、可卡因、利多卡因和酒精
安迪·吉布（Andy Gibb）	忙碌的家伙乐队成员	酗酒和可卡因造成心脏发炎
莱纳·华纳·法斯宾德（Rainer Werner Fassbinder）	导演	可卡因和安眠药
格奥尔格·特拉克尔	诗人	可卡因过量
杰克·伦敦	作家	吗啡和可卡因过量，企图自杀
杰里·加西亚（Jerry Garcia）	愉快的死乐队成员	在戒毒医院心肌梗死
乔恩·博纳姆（Jon Bonham）	被操纵的齐普林乐队成员	酒精中毒后，窒息于自己的呕吐物
基思·穆恩（Keith Moon）	何人乐队成员	死于酒精和戒酒药
汤米·多尔西	爵士乐小号吹奏者	酒精中毒后，窒息于自己的呕吐物
吉米·亨德里克斯	摇滚乐吉他手	巴比妥酸盐和酒精中毒后窒息于自己的呕吐物
邦·斯科特（Bon Scott）	AC/DC乐队成员	酒精中毒后，窒息于自己的呕吐物
罗恩·麦克南（Ron Mckernan）	愉快的死乐队成员	酒精引起肝硬化和胃出血
吉恩·文森特（Gene Vincent）	摇滚歌星	酒精引起肝硬化
路德维希·凡·贝多芬（Ludwig van Beethoven）	作曲家	酒精引起肝硬化
杰克·凯鲁亚克	作家	酒精引起肝衰竭
杜鲁门·卡波特	作家	肝衰竭，多种中毒
埃德加·爱伦·坡	作家	因酒精死亡
狄兰·托马斯	诗人	喝了18瓶威士忌后，酒精中毒死亡
纳塔利·伍德	女作家	酗酒无度后淹死
丹尼斯·威尔逊	沙滩小子乐队成员	在酒精影响下发生潜水事故

魂断巴黎隧道

我的许多边缘型障碍病人热衷于危险的游戏，例如在高桥栏杆上做平衡动作，或者玩儿命地飙车。就像无意中服用过量的毒品一样，这种冒险行动经常导致"边缘型障碍的不幸事故"。

在高速公路上超车使不少明星命送黄泉。1955 年 9 月，詹姆斯·迪安开车前往加利福尼亚州，参加在萨利纳斯举行的赛车比赛。他驾驶的新保时捷 Spyder 550 在一个十字路口因为超速和一辆福特车相撞。虽然赛车装有安全带，但他没有给自己系上。这个 24 岁的小伙子当场死亡。一周后他拍的影片《他们不知道自己做什么》在电影院上映。这是一部关于青年举行致命的赛车比赛的影片。

吉他手杜安·奥尔曼（Duane Allman）（奥尔曼兄弟乐队）在驾驶他的哈利车拐弯时，没有注意每小时 35 公里的速度限制，结果立刻丧命。奥地利说唱歌手法尔科——曾演唱《特派员》（*Der Kommissar*）和《阿马德斯》（*Amadeus*）——在 1998 年 2 月的一天，驾驶着他的三菱吉普车，在多米尼加共和国波多普拉塔市从一家咖啡馆的停车场开出来时，因没有注意到一辆旅游车而出事。

滚石乐队主唱米克·贾格尔若有所思地说："我的许多朋友死于汽车交通事故，飞机坠毁或吸毒、酗酒无度。为了安全起见，我自己尽量不开车，但有一次喝酒过量，结果我开的飞机坠落了。"

1997 年 8 月 31 日，一辆 S 级的梅尔塞斯重型轿车载着四个人，以每小时 180 公里的速度风驰电掣地穿过巴黎，在阿尔玛广场下面的隧道里"轰隆"一声撞上一根石柱。

车上的乘客有威尔士公主戴安娜（Diana）、多迪·阿尔－法耶德（Dodi al-Fayed）、亨利·保罗（Henri Paul）和特雷弗·里斯－琼斯（Trevor Rees-Jones）。他们正仓皇逃避一群开着汽车和摩托的狗仔队的跟踪，这些人想拍摄戴安娜和多迪这对情侣。司机亨利·保罗已喝醉了酒，而且还在药物的影响下。因为严重超速，也可能由于另一辆汽车的突然出现，他失去了对沉重的奔驰车的控制。

这和人格障碍有什么关系呢？

1995年11月20日，戴安娜公主在肯辛顿宫接受了英国广播公司记者马丁·巴希尔的采访（顺便说一下，就是这个记者后来采访迈克尔·杰克逊，给他带来厄运）。在这次采访中，戴安娜提及她被诊断出边缘型障碍的许多症状：抑郁沮丧、饮食无度和自我残害。

当戴安娜6岁时，她的母亲因有外遇和一个男人离家出走。争夺抚养权的斗争延续了几年，戴安娜和她的姐妹们也被卷了进去。父母双方又和新的情侣结了婚，然后又分别离了婚，接着又第三次结婚。戴安娜想上大学，但中学毕业考试没有及格，于是离开了学校，去当老师去了。

在她结婚前，朋友和熟人就在她身上观察到边缘型障碍的初期迹象，这些迹象在她的一生中延续下去：她爱发脾气、常哭泣抽搐、当面说谎和热衷于操纵。"她这个人令人捉摸不透，"她的私人秘书帕特里克·杰夫森（Patrick Jephson）这样回忆道，"有时她的行为就像一个倔强的3岁孩子，捶胸顿足迫使别人注意她。"

她常常当着别人的面用锋利的物件伤害自己。她的食欲过盛症很严重，时而暴饮暴食，时而上吐下泻，造成体重一会儿增加，一会儿减少，就像她在和巴希尔的谈话时所承认的那样。"过一会儿会吐出来吗？"有一次，她在吃一道昂贵的海鲜菜，查尔斯（Charles）这样问她："这多么浪费啊。"

她还有别的嗜好，对一种叫氟甲硝基安定的安眠药上瘾；她的购买欲更是人所共知。在一年中，她花了180万欧元购买皇家的华丽服饰。有时候她有短暂的受迫害妄想，让人在她的寓所里搜捕臭虫，这是边缘型障碍短暂的偏执狂症状的表现。

她和男人的关系变幻无常。为什么偏偏戴安娜获得了王子的爱慕，而不是其他千百万渴望取得她的地位的女人呢？秘密可能在于她的边缘型障碍的自恋行为。戴安娜意识到自己对男性的魅力，而且加以利用。比较肯定的是她和骑师的桃色事件。还有些流言蜚语，说她和别的男人有过浪漫史：巴基斯坦的百万富翁、橄榄球队的队长、心脏外科医生、伦敦艺术品富商和约翰·肯尼迪。但所有这些恋情都没有得到证实。据说她偷偷地打过约五十次电话，天天威胁那个富商。对她婚后的不忠，人们当然归咎于查尔斯王子在婚礼后不久便去找他青年时期的恋人卡米拉·帕克·鲍尔斯（Camilla Parker Bowles）。

作为人们梦想中的公主和心中的女王，戴安娜已经获得了一个少女在这个世界上所热望的一切：童话般的婚礼、无法估量的财富和全世界的艳羡。虽然这样，她还是觉得不幸、抑郁和沮丧。她多次想去找精神病医生治疗，但据她本人说，她的家庭试图阻止她这样做。后来她开始接受精神病治疗，然而没有什么功效。她所偏爱的神医和星占学家也爱莫能助。

令人惊奇的是，这样一个有边缘型障碍的人，居然能集亿万人的宠爱于一身。老实说，按照普通的标准，戴安娜绝不是一个值得钦佩的女人。她在一生中几乎没有全天工作过，她的社会工作是有限的。把她的容貌说成沉鱼落雁、倾城倾国，未免有些言过其实——她的美貌充其量只能称为"很英国化"而已。尽管如此，世界上所有的家庭妇女都对她崇拜得五体投地，尤其是上了年纪的男人，都醉心于她的性感魅力。

奔驰车内的其他乘客可能也有边缘型人格障碍。戴安娜的朋友多迪·阿尔－法耶德患一种边缘型障碍，他有强迫症状，死前正接受精神病治疗。据说他有吸毒的嗜好，法国警察在汽车残骸中他的一个手提包内找到了可卡因。

死去的司机亨利·保罗过去曾是一名保安人员，由于他有癖好问题，不得不辞掉那份工作。事后他的尸体解剖表明，他血液中的酒精含量为 173mg/100ml，是法国许可量的三倍。在这次死亡之旅之前，有人看到他喝了两杯"里卡德"牌的茴香酒，摇摇晃晃地离开饭店，差点儿把一个贴身保镖撞倒。除此以外，在他的血液中还找到抗抑郁药盐酸氟西汀，以及其他药品的残余。为什么他滥用这种药物，至今尚无人知晓。这种药物在法国通常用来治疗酒瘾。

四个乘客中有三个玩死亡游戏，这是边缘型人格障碍患者的典型玩法。事实上他们当中的任何人都可以把汽车的速度降下来。戴安娜可以跟司机说："我是威尔士公主，你别开那么快！"多迪也可以这样命令亨利·保罗，因为他毕竟是老板。保罗本人也可以拒绝开这么快，因为他要负责任。而且他们没有理由要逃避狗仔队，他们可以干脆在里茨饭店过夜，因为多迪在那里保留了一间套房。汽车的速度超过规定的三倍，这三个人至少要系上安全带。唯一谨慎的人是贴身保镖特雷弗，他在出事前不久系上安全带幸免于难。

如果不幸死去的这三个人都患有边缘型障碍，那么戴安娜的去世属于集体边缘型障碍事故，是典型的赌命游戏的悲惨后果。

戴安娜的香消玉殒就像风中的蜡烛——就像《1997 年风中之烛》（*Candle in the Wind 1997*）这首歌曲所唱的。这首歌原来是埃尔顿·约翰为玛丽莲·梦露谱写的，在戴安娜公主华年早逝后加以改写。顺便提一下，这是有史以来最畅销的一首单曲。

路德维希二世国王死亡之谜

时钟的指针停在 18 点 53 分。

巴伐利亚的末代国王路德利希二世（Ludwig Ⅱ），被人称为童话中的国王，他的一生神秘莫测，扑朔迷离。1886 年 6 月 13 日，在施塔贝格湖上漂浮着两具尸体：一具是巴伐利亚国王的，另一具是精神病医生的，他叫伯恩哈德·冯·古登（Bernhard von Gudden）。怎么会发生这样离奇古怪的事件呢？

路德维希二世有精神病吗？这不大可能。当然，关于他身上的病状早已众说纷纭，有关他的死的传说更是林林总总，莫衷一是。虽然有硬凑热闹之嫌，但我还是要独辟蹊径，说一说我为什么相信国王患有边缘型人格障碍。

我们有证据证明，路德维希在孩提时就有过精神创伤。传说他不是马克斯（Max）国王的公子，而是意大利宫廷侍从坦博西（Tambosi）的儿子。马克斯不能生育，为了有一位王位继承人，他下令将王后灌醉让坦博西把她强奸。路德维希被一个奶妈养大。在他 1 岁时奶妈死于伤寒病，这样一来，他很早就失去了自己最重要的抚养人。

他这个孩子无法经常看到自己的生母和父亲马克斯。母亲对她的孩子好像不大关心。她更大的兴趣在于登山、散步、艺术和教育，以及宫廷生活。国王马克斯则动辄拳脚相加，禁止他和同龄人交往。因为国王认为饥饿能磨炼人的性格，所以路德维希经常离开饭桌时没有吃饱。

路德维希 19 岁时就成为国王。从一开始，他就没有把国事放在首位。相反，他全心全意地致力于他高尚的爱好：音乐、艺术和建筑。在 15 岁时，他第一次看到理查德·瓦格纳（Richard

Wagner）的歌剧《罗恩格林》（*Lohengrin*），激动得泪流满面。他崇拜这位作曲家，给他写了真正的情书，并向他献诗。他对这位经济拮据的作曲家心里由衷地敬佩。

路德维希不去关心政务，却沉迷于童话世界中，在那里，高贵的骑士、水妖、仙女、飞龙和白天鹅经常出没。他喜欢乔装打扮成太阳王路易十四，头戴王冠手拿节杖，晚上坐着马车出游（扮路易十四这个主意埃尔维斯和迈克尔·杰克逊也曾有过）。

通过他富丽堂皇的童话般的宫殿，如天鹅石宫和林德宫，路德维希变得声名显赫。天鹅石宫的仿制品后来成了所有迪士尼乐园的中心建筑。在路德维希豪华的宫禁中，有童话世界，如印度温室、歌剧院舞台，上面有关于特里斯坦（Tristan）和伊索尔德（Isolde）的介绍，还有人造石笋洞和维纳斯女神洞。这个蓝色岩洞装有一个彩虹投影仪。在美国人托马斯·爱迪生把他发明的灯泡销售的前一年，这个仪器用一个电气信号器操纵二十四个弧光灯，把红色、粉红色和绿色变成黄色和蓝色。为此需要在巴伐利亚兴建了一座用蒸汽做动力的发电厂。国王还购置了新式的通信技术，如对讲装置和电话机。他乘坐一辆电池推动和电气照明的汽车，在全国各地参观游览。

他对艺术精品的酷爱使他挥霍无度。他坚定不移地要求宫殿中一张桌子的桌面必须铺上杂金青石，光是这项特别的装潢就花费了相当于 25 万欧元的钱。他放在抽屉内的其他计划由于他的早逝未能付诸实施，其中包括在法尔肯施泰因附近建一座骑士城堡，在平地湖畔盖一座中式宫殿以及建造一座拜占庭宫。

他使巴伐利亚国家的财政破产，以致内阁的出纳处最后欠债750 万德国马克（顺便说一句，巴伐利亚州今天的宫殿旅游收益每年多达数亿欧元）。路德维希对此全然不顾，企图到处借钱继续大兴土木。由于资金短缺，许多工程不得不下马，这使国王心急火

　　　　　　　　　　隐 疾

燎。他当时对一个熟人说："大搞建筑是我生活中的最大乐趣，各项工程停下来后，我就悲痛欲绝，不断想到退位和自杀。"

他把使者派去拜谒图恩－塔克西斯（Thurn & Taxis）亲王、奥地利皇帝、瑞典国王和挪威国王，派人觐见君士坦丁堡的苏丹和德黑兰的国王，所有这一切，都是为了借到8000万马克的资金。按照他的最高命令，他的部下甚至可以闯入法兰克福、柏林、斯图加特和巴黎的银行提取现金。他挥霍无度地购置物资，兴师动众地大搞建筑，这些嗜好导致巴伐利亚王国的破产，政府要求采取行动剥夺国王的权力。

国王不能跟妻子和孩子们一起过传统的婚姻生活。他身材魁梧相貌堂堂，被女人群星伴月般前呼后拥。她们一见到国王便激动得昏迷过去，就像现在的歌迷看见流行歌星一样。但他对异性没有什么兴趣，对她们总是小心翼翼地敬而远之。在解除和巴伐利亚夏洛特（Charlotte）女公爵的订婚后，他觉得自己"恍如从梦魇中解放出来"。今天我们可以肯定他是个同性恋者，这可以从他的信中窥见一斑，例如他在给骑兵军官瓦里科特（Varicourt）的情书中写道：

> 您的品格无比的高贵和崇高，您昨天的每一句话再次向我证明了这一点。对我来说，为您身亡是我最美好、最值得追求的死。噢，让这件事早点发生吧，快点儿！我对这样死的期望超过在人间所能做的一切。

另一封信听起来没那么有诗意，他在信中热情洋溢地谈论下层的某些人身体的优点：

> 亲爱的卡尔，匆匆地再写这几行：

早在 1882 年的 4 月，我就觉得约瑟夫（Joseph）的阴茎比克伦佩尔（Krumper）的大一些、好看一些。但你写道，克伦佩尔的还是一样。此外你还写了，约瑟夫的长了一点儿。如果是真的，它就一定比克伦佩尔的好看得多了，再详细地报告一下。

你也悄悄地去看一下尼博勒尔（Niebler）。那个伙夫纳格勒的家伙怎么样？

要永远小心！

——路德维希

这个童话国王是个敏感和心理稳定的人。他自以为是，盲目自尊，这一点在下面的事情中表现出来：有一次他给他的情人瓦里科特朗诵了几个小时，这个人却睡着了。"瓦里科特！你敢在你的国王面前睡着！"他严词训斥他并结束了和他的浪漫关系。他和年轻的宫廷演员约瑟夫·凯茨（Josef Kainz）的一次长时间的旅行引起了公众很大的轰动。后来他也离开了凯茨，因为他觉得自己没有受到他应有的重视。国王自我陶醉、高人一等的观念，使他把豪华壮丽的宫殿看作自己的私有财产，叫嚷"人民的目光会亵渎玷污它们"。他甚至考虑在自己死后要把所有的宫殿炸成废墟。

路德维希国王相信，在"航空物体"的帮助下，人总有一天会飞上天空。他异想天开，坐着一辆由孔雀拉着的车，想在天空中翱翔，这在那个时期在技术上还做不到。他给他的机械部长布兰德（Brand）一个任务：设计一架飞机，飞越天鹅堡附近的阿尔普湖。他对自己的政治影响力的估计到了滑稽可笑的地步。他的内阁秘书不断得到指示："停止英美社会民主的胡闹行为。"

国家财政面临着危机，迫使政府最后采取行动，但又不敢直接劝他退位，因为这个容易动怒、以我为中心的国王肯定不会那么容

隐疾

易束手待毙。因此总理卢夫特委托精神病医生伯恩哈特·冯·古登和其他三个精神病医生，对国王的精神状态做一份鉴定（它的全文今天还可以看到）。虽然古登被视为当时最有名的精神病医生之一，但今天在我们看来，这个诊断是可疑的。诊断中写道："国王的精神障碍已到了十分严重的程度。至高无上的陛下患了一种严重的精神障碍，人们称之为妄想狂。"这就是古登主治大夫和其他精神病医生所做的鉴定。

之所以做出这个"妄想狂"的诊断，是因为国王经常产生幻觉。今天对这种病症人们会选用"精神分裂症"这个概念。当时还没有使用这个术语。但这种病已经是众所周知的了。

这四个医生为他们的理论所提出的证据少得可怜。比如他们提出理由说国王的长兄路德维希·布鲁德·奥托（Ludwigs Bruder Otto）也有精神病，此人一生的大部分时间都在精神病医院度过。然而对精神分裂症来说，这种直接遗传不是很典型的。路德维希二世的脑袋"小而畸形"，也被用来作为妄想狂的证据。可是精神分裂症和小而畸形的脑袋没有必然的联系，这在当时也是人所共知的。这几个鉴定人还认为，国王"愤怒的目光经常环视四周"这个事实，表明他有妄想狂症。但这个现象绝不是精神分裂症的有力证明。精神分裂症是一种精神病，其典型症状是幻觉和受迫害的妄想。为了强调他患有妄想狂这种精神病，这个四人鉴定小组还摘用了几十年前的观察结果：

> 看来路德维希在十三四岁时就真的患上了幻觉症。他在打台球时误以为有响亮的声音和他说话，于是东张西望，要寻找没有看见的说话人。目睹此情景的御医吉特尔对此十分惊讶，把这种现象用文字记录下来。

如果这种幻觉短暂地出现，然后又突然消失，在几十年后才再次出现，这不是典型的精神分裂症。在二十七年后又找到关于所谓幻觉的新报告，根据王室奴仆迈尔（Mayr）的回忆，路德维希曾产生下面的幻觉：

> 他命令："把刀（或一件别的东西）拿走！"我说："陛下，没有刀啊。"然后他不断环顾四周，审视了几个钟头。"刚才它明明在这儿，它是从哪儿来的呢？是你把它拿走了，你把它放在哪儿了？你干吗把它拿走，快把它放回到原来的地方。"

这是一种视力幻觉（想象看见并不存在的东西）的现象。但这不是精神分裂症的特征。听力幻觉（想象出声音或响声）与此相反，它是精神分裂症的特征。做鉴定的人看问题有局限，他们所依据的是国王最亲密的心腹赫塞尔施威特（Hesselschwerdt）的说法：

> 国王陛下是否真的患有幻觉症，这真的不好说。赫塞尔施威特的观察对此表示肯定。他说最轻微的响声都会使国王陛下吃惊。在白天和晚上散步时，陛下时常表示他听到一些声音，是脚步声，谈话声，然后对没听到的他说："赫塞尔施威特，你的听力不好。"但国王陛下从来没有提到，他听到的是什么话……

精神分裂的其他所有症状，比如缺乏动力和兴趣寡然，这些国王都没有。否则这样一个精神分裂症患者就无法领导巴伐利亚这个国家完成如此复杂的建筑项目，像路德维希所做的那样。国王把许多的时间和精力投入了宫殿的建设，并在这当中表现出极大的组织才能。如果没有最现代的双 T 型钢梁，他的建筑物就建不起来。而这种钢梁是当时美国在建造摩天大厦时研制出来的。借助于特意研制出的"蒸汽升降机"把这些钢梁拉向高空。他对他的建筑师、工程师和艺术家做出详细的指示。这种对事业的进取心和精神分裂症是很不协调的,这种病大都和职业上的惰性紧密相连。

四个鉴定人还认为他们观察到妄想狂的特征,所依据的是国王不断加强他"个人保护"的措施。关于路德维希所采取的安全措施,传记作家格特弗里德·冯·伯姆(Gottfried von Böhm)是这样叙述的:"国王在莱姆离开了火车车厢,乘坐四驾马车进入宫邸,四周是骑兵和其他保安队组成的警戒圈。他乘车离开宫邸去兜风,整个英国花园的四面八方都被卫士把守着……"毋庸置疑:如果把这些措施都看作被迫害的妄想,那么所有今天的政治家都可以说是妄想狂。巴伐利亚国王面对众多的敌人保护自己不被谋杀,这样做是合乎情理的。就在此前不久,俄国君主就因谋杀丧生。这种劳民伤财、过分夸张的"贴身保安"措施,最多只能称为自命不凡的行为。

此外,他对周围的人的病态的怀疑,被鉴定人解释为"关系妄想"。这是说他有妄想狂的另一个虚假的证明。内阁秘书弗里德里希·冯·齐格勒(Friedrich von Ziegler)报告说:

> 国王陛下整年都避免被人看到。出外旅游越来越多地改在夜深人静的时间进行……有谁敢偷看一眼或说一句话都受到盘查。陛下不止一次而是常常怀疑我在述职时,用一种失礼的异常的目光看着他。

关于国王为什么害怕被他人带着批判的眼光审视,我们在精神科医生的鉴定书中发现了进一步的说明:

他害怕见人的毛病日益明显地表现出来，上伯格教堂的次数越来越少，最后陛下要求在伯格的一个内部公园建一座罗马式的小教堂，以便他参加弥撒仪式，其他任何人都不许在场。为了在剧院中看不到别人，他只观看内部的专场演出。

这种害怕见人的现象，不一定是精神分裂症和被迫害妄想症的表现，将其解释为社会恐惧症更为合适。这种常见的恐惧病的产生，是因为过分害怕其他人的负面评价和责备的目光。这种胆怯和害羞在路德维希 17 岁时便有所发现——这正是社会恐惧症产生的典型年龄。

这种社会恐惧症可以以独立的恐惧形式出现，但也是边缘型人格障碍的常见伴发症状。在有社会恐惧症的人当中可以时常发现一种矛盾的现象：一方面是渴望成名和受人敬重，另一方面是感觉到自我价值被贬低——路德维希自己形象地诠释了这个定义。

还有一个细节证明边缘型障碍的存在：国王陛下"畏惧尖锐和刺人的器械"。这可能是一种强迫性症状，它也常和边缘型障碍一起出现。患者害怕自己会故意用尖锐的东西自残。上面提到路德维希强迫性地寻找所谓消失了的刀，和这里所说的有雷同之处。

像许多边缘型障碍患者一样，国王也受到抑郁的折磨，长期存在着自杀倾向。他常向仆役打听从哪里可以弄到毒品。虽然他有钱有势，而且受到巴伐利亚人民的爱戴，然而生活对他来说是一种痛苦的折磨。

他的一个熟人说："陛下突然无缘无故地喜欢某一个人，但过不久又对他恨之入骨。"他的这个性格特征对患有边缘型障碍而且有关系问题的人来说是典型的。国王有时莫名其妙地突然使用暴力。在精神病医生的鉴定中提到过，魁梧健壮的路德维希残害过

　　　　　　隐　疾

三十个人的身体。他曾把马夫罗特贝格推到墙上拳打脚踢，使他受到严重的伤害。这个事件过后一年罗特贝格就死了，四个精神病医生认为，这和他的受伤可能有关。

对国王的这个鉴定既没有经过个人接触，也没有进行过精神病学的研究。部长科佩斯特尔后来说，古登走到国王面前通知他，他因为有精神病而被剥夺了权力。这时路德维希提出合乎逻辑、条理分明而尖刻辛辣的质问："你从来没有对我进行过检查，怎么能够做出关于我的状况的鉴定呢？"这是个理由充分的责问。人们不禁猜想，这四个精神病医生一手炮制出这个报告，肆意篡改诊断的结果，使剥夺权力成为可能。政府需要一份表达清楚的鉴定，为夺取国王的权力辩护。于是，一份证明他有重病也就是"妄想狂"的文件便应运而生。身患这样的重病，自然就不适合处理政府的事务了。

在路德维希二世时期，在精神病医生的一般用语中还没有"边缘型障碍"这个概念。而当时为此所使用的名称如"歇斯底里"或"性格懦弱"，都不足以废黜一个国王。如果在鉴定中没有表明诊断出明显的病症，而只是简单地把国王说成"有点精神失常"或"痴傻"，那么废黜在法律上就站不住脚。如果这次利用精神病学搞的政变失败，其发起人就会有灭顶之灾。因为路德维希是个专制的君主，他有一定的权力，可能提出"巴伐利亚的人民需要一个首领镇压政变"的要求。

国王一生中所有的胡作非为用边缘型人格障碍加以说明最为恰当，这表现在他的抑郁情绪、自杀倾向、经常抱怨寂寞、长达数小时的怒火中烧、过分的自命不凡、对社会的恐惧、强迫症如对刀子的恐惧、偶尔出现的妄想症、嗜酒如命的癖好和对建筑走火入魔的疯狂。令人诧异的是，虽然他对巴伐利亚人民恨之入骨，而他们还如此敬爱他。这个例子证实了边缘型障碍患者所具有的非凡魅力。

虽然在他死后我们无法做出诊断，但路德维希二世多数的乖戾行为都可以用人格障碍去解释。

1886 年 6 月 10 日，一个国家委员会奉命去天鹅堡王宫关押路德维希，并剥夺他的权力。国王从效忠于他的下属得到消息，命令他们设置障碍堵住宫门，逮捕来抓他的人员。在千钧一发之际，他曾想过从宫墙上跳下去，因为他不能忍受被夺权的耻辱。当然他也考虑到——这完全是自恋狂的做法——这样他死后的尸首就会体无完肤，所以宁可在水中淹死了事。

同年 6 月 12 日，他向国家委员会投降，然后被带到施塔贝格湖旁的伯格王宫。他在那里受到监视，由主治医生冯·古登治疗他的精神病。6 月 13 日晚上，国王和医生一起散步。晚上 8 点大雨滂沱，他们两人还没有回宫，宫里急忙派人去找他们。

23 点整，人们发现医生和国王的尸体漂浮在施塔贝格湖上。

解剖了路德维希的尸体，没有发现他身体有损伤。古登的脸上有被抓过的伤痕和一块青斑。证人们后来表示曾经在他的脖子上看到被勒过的痕迹。奇怪的是，没有给死去的精神病医生进行过尸检，虽然他肯定是犯罪行为的牺牲品。

法学家和刑法专家威廉·沃布金（Wilhelm Wöbking）极其仔细地研究过巴伐利亚国王的死亡状况，得出了下面的结论：路德维希曾想跳湖自杀，但遭到古登医生的阻止。在两人之间发生过格斗，高大强壮的路德维希把 62 岁的矮小体弱的医生压在水下，直到他溺死；或者事先把他掐死或打晕，然后国王自己溺水身亡。和有些谣言不同的是，出事地点的水深不是只到膝盖，而是深达一米半。沃布金分析说，根据当时的情况，要逃跑是根本不可能的。这种自杀的说法在今天看来可能性最大，得到不少证据的支持，而且看来很有说服力，因为国王在前几天曾以自杀进行过威胁。

　　　　　　　　　　隐　疾

许多令人捉摸不透的人都是在莫名其妙的情况下死去，事后产生的富于想象力的故事和谋杀的版本多如雨后春笋。比如说：王室的渔夫利德尔（Lidl）曾亲眼看到有人枪杀了医生和国王，然后为了掩盖事实把尸体抛到水里，抛尸的人可能就是总理卢茨（Lutz），他当时还带着武器。

除了这些关于国王的死的种种猜想，我现在还想补充另一个惊人的版本。这种说法开始听起来有点过于冒失，但从精神病医生的角度看来，它有一定的说服力。

就像许多人格障碍患者一样，国王也是个酒鬼。一个叫迈尔的人证实，路德维希在死前几天，把一瓶带丁香花香的朗姆酒和一瓶香槟酒一饮而尽。从国王喝了这么多的酒而没有醉倒这个事实，可以推断出他完全有这个海量。在鉴定中还写着，国王在宫廷晚宴前时常先干"八到十杯香槟"，然后在宴会上继续畅饮。他自己坦言不讳，说他在宴会前"总是诚惶诚恐，好像自己马上要上断头台"。在这样的宴会上他千方百计挡住自己的脸，不让别人在吃饭时看见他。这种社会恐惧症的一个典型特征是，过分惧怕在吃饭时被别人看到。除此而外，社会恐惧症也是人们成为酒鬼最常见的原因之一。他们利用酒精消除恐惧的效力去克服对别人批评目光过分的害怕。

如果国王真的患上短暂幻觉症，那么这些症状就是纵酒过度的后果，这不是完全不可能的。长年的酗酒成性会导致酒精幻觉病，这是一种精神病，从症状来看，不能简单地把它和精神分裂症区分开来。国王的这种病很可能是精神分裂症，这样更能说明它为什么在他的晚年出现。偶尔出现感官上的错觉更可能和边缘型障碍有关。

这样一来，他对下人莫名其妙的袭击就可以理解为酗酒的后果。他突然对别人进行攻击可以用一种所谓的病理醉意进行解释。有些人在酒精的影响下会一时冲动、丧失人格并使用暴力。有些人通常安详平和，在喝了不多甚至是少量的酒后，在醉醺醺的状态下会变得暴跳如雷，接着便破坏房子伤害他人，甚至杀人放火。在他们乱砍乱杀时，千万不能和他们说话。在猖獗肆虐几分钟后，这些人便陷入一种昏迷状态，被人称为"极限的睡眠"。在法庭上他们会被宣布为"无责任能力"，因为他们在这种状态下没法控制自己。

当然会有许多人在酒精的作用下袭击别人。和"简单"的醉酒的区别在于，在病态的醉酒时对人或物使用的暴力，是在完全神志不清的状态下发生的。在醒过来后作案人什么都想不起来。有人把这种动武的倾向归咎于脑部受到伤害，和癫痫的发作有相似之处。

用病态醉酒就可以解释，为什么平日精明机智的路德维希会因为微不足道的理由而野蛮地使用暴力。参与鉴定的胡贝特·冯·格拉舍尔（Hubert von Grashey）教授在报告中说："在情绪激动时，他习惯于喝大量的朗姆酒和其他酒精饮料，接着便什么事都干得出来。"

当时的情况可能是这样：路德维希本来计划要自杀。但在公园内到处岗哨林立，防止他逃跑或自杀。国王认为他的自杀难以成功。他擅长游泳，通过溺水进行自杀几乎不可能。这一天他看来十分平静，好像听天由命，在晚餐时狼吞虎咽，毫无自杀的迹象。

有几个证人说，国王在中午就喝过酒。晚餐从下午4点半到5点15分，他"喝了一大杯啤酒、两杯红酒、三杯莱茵葡萄酒和两杯烧酒"。国王的表掉进施塔贝格湖水中时，停在18点53分。从他在吃饭时过量喝酒到他死去，不到一个半小时。

直到此刻酒精充分起到它的作用。这时候产生一种病态醉酒状态，在这种状态中，路德维希把古登淹死。然后他又陷入一种对病态醉酒来说非常典型的神志不清的昏迷状态，这时他溺水而死。上面已说过，这种理论只是一种推测，但它解释了大部分矛盾的事实。

究竟发生了什么事情，后世恐怕永远也无从知晓。席勒（Schiller）给一个教师写过一句名言，被证实为千真万确："对自己和其他人来说，我将是一个永远的谜。"

如果路德维希没有患人格障碍，那么今天他就早已湮没无闻。他可能只是巴伐利亚唯一一个有点功绩的国王。

他令人捉摸不定的人格使他的政绩相形见绌。他的人格和他为德国统一所做的贡献使他声名显赫。他还发现了理查德·瓦格纳的天才，在当时，不是每个喜欢音乐的人都是瓦格纳的知音，所以他在这方面也是功不可没。经历了千百年永远留存下来的，只有他巍峨豪华的建筑。过去人们把它们看作好大喜功的产物，现在人们还会在一段时间说它们浮华和俗气，但再过几百年后，它们就会成为伟大的世界文化遗产。

无名更幸福？

如果玛丽莲·梦露不是影星，吉米·亨德里克斯不是摇滚吉他手，伊迪丝·琵雅芙没有成为歌舞剧院的歌星，情况又会怎么样呢？他们的生活会过得幸福些吗？是名望毁了他们的生活吗？是公众把他们捧上了天，又使他们摔到深渊里，因而要对他们不幸的生活和英年早逝负责吗？究竟名望对他们的人格产生过什么影响呢？我们对此不得而知。

但我可以估计到，如果不成名他们的生活不会有更多的改善。因为：如果没有功成名就，那他们还有什么呢？那就只剩下了人格障碍了，加上他们的昭彰劣迹，根本没有机会发挥自己的才能，取得别人的认可；也不可能把他们的恐惧、不快和愤怒转化为创造力。

大多数具有边缘型障碍的人，在他们的青少年时期都过着不幸的生活。他们没有机会登台表演节目，不能参加演员的竞选，或在五星级饭店休闲享受。没有人把他们的大幅照片挂在墙上或买他们的唱片，把他们宣布为性感偶像。也没有人为他们燃起打火机组成的火的海洋，更没有大街小巷用他们的名字命名。

精神病医生在诊治时了解到不少这样的人生遭遇。他们深受毒瘾、恐惧、抑郁和自杀想法的折磨，缺乏起码的自信，没法过一种稍为正常的生活，在恋爱关系上乱七八糟。他们为此进行过不断的抗争，已经精疲力竭疲惫不堪，我们对他们表示深切的同情。

结束语

我们现在描绘的是 2090 年的情景。多亏罗马教皇奥尔德斯·比布利布罗克斯二世（Aldous Beeblebrox Ⅱ）和他的纯正教派（同时也有政府）在政治上的努力，人类的大灾大难已被消除。精神疾病，包括人格障碍，不再成为问题。有许多新的精神病药物，如"立刻痊愈"（Instant Reward）、"奇特佳"（Chitegal）或"索马二号福特"（Soma Ⅱ forte），需要这些药物的人可自由服用。他们没有理由不这样做，因为如果他们不这样做，精神病中心就会派来和蔼可亲的机器人，给他们打针注射。

非法的毒品或酒精饮料已不复存在——还要它们干什么？人们不再受到恐惧、抑郁或自杀想法的折磨。犯罪和战乱已被消除。大家一样富有，如果某人不像别人那样富裕，他也不会因此而不幸，因为借助于现代的药物，他的情绪会很快变得平和淡泊。

人们采取令人讨厌的行动，诸如抚摩和进一步亲密接触的时代，将一去不复返。所有的婴儿都来自试管。

德国文化部刚刚公布了可供阅读的书目，上帝保佑，这些书和去年甚至前年的完全一样，如名为《长期放假》（*Ferien für immer*）和《只有可爱的人》（*Es gibt nur liebe Menschen*）的书。所出版的图书不再像过去那样，经常描述人们相互屠杀和其他不容许的行为。

在城市唯一的音乐厅,"幸福的人"乐队演出他们热门的流行歌曲,如《美好的生活》(*Das Leben ist Schön*)和《大家都在热恋中》(*Alle Sind verliebt*)。这些歌曲五十年来一直受到全人类的欢迎。在这个时期,有几个音乐家没有得到纯正教会的授权,因而结束了他们的演出生涯。年轻漂亮的音乐家穿着整洁实用、大方得体的服装登台演出。他们用竖琴和牧笛演奏柔和动听的音乐,避免在舞台上做出任何使观众感到羞辱难堪的动作。

这是一个多么美好的新世界啊。

词　汇

阿米他尔纳	用作镇静剂、安眠药，参考阿米奴巴比妥钠。
阿米奴巴比妥钠	安眠镇静剂，属于巴比妥酸盐一类的药。
安定	苯甲二氮䓬，安眠药，长期服用会使人上瘾。
氨基丙苯	兴奋剂，能导致依赖性，也称甲基苯丙胺。
巴比妥酸盐	过去作为安眠和镇静处方药；由于它能导致上瘾，超量服用还有危险，今天只用来治疗少数病（如癫痫）。
边缘型障碍	人格障碍，表现为容易冲动、人际关系不稳定、自残行为、郁郁寡欢、企图自杀。
变性欲	要变成异性的愿望。
病态性欲冲动	由异性衣物引起的性冲动。
酬劳系统	大脑中的系统，引起一种舒适感作为酬劳；通过多巴胺等介质进行调控。
大麻	使人精神恍惚的毒品，很少使人上瘾。
多巴胺	大脑中的介质，在酬劳系统中起一定的作用；也对帕金森氏病或精神分裂症有作用。
多形-反常的性生活	美国精神病分析家克恩伯格对边缘型障碍病人的性行为的描述。
多样的人格障碍	参考分裂型人格障碍。
分裂型人格障碍	行为古怪，思想扭曲。
分裂性的人格障碍	一种病态，病人想象自己是另一个人。
广场恐惧症	在人群中突发的恐慌，常与恐惧性障碍有关。
海洛因	非法鸦片制剂，使人产生强烈的依赖性。

害怕、回避型人格障碍	害怕别人负面评价；回避任何风险。
幻觉	听见不存在的声响（听幻觉）或看见不存在的人和物（视幻觉）；神经分裂症和其他精神病的症状。
甲基苯丙胺	参考氨基丙苯。
伽马氨基丁酸	大脑中的介质，它的散发能导致镇静。
简单恐惧症	害怕个别东西或情况，如蜘蛛、狗、高度、黑暗和雷雨。
近距离冲突	想让某人靠近自己，同时又离开身边。
精神分裂症的人格障碍	离开其他人，孤立自己，脸上没有什么表情。
（精神）分裂	"幻想出来"的病征如瘫痪、神志不清状态、失忆（对此找不到身体方面的原因）。
快克	可卡因碱，比可卡因的作用大，能更快使人上瘾。
可待因	鸦片制剂一类的药，用于严重咳嗽的处方药，能导致依赖性。
扩散的恐惧障碍	对各种危险的过分恐惧，过分的焦虑，毫无理由的害怕。
恐惧突发	因恐惧障碍而产生的焦虑不安。
恐丑症	过分害怕变丑和破相。
离群的人格障碍	独来独往；蔑视并损害别人的权利。
恋童癖	对同性或异性儿童有性倾向。
吗啡	鸦片制剂一类的药，治疗强烈疼痛的处方药，能使人上瘾。
麦角酸二乙基酰胺	非法毒品，能产生幻觉。
哌替啶	和吗啡相似的止痛药，能使人上瘾。
情绪不稳的人格障碍	参考边缘型障碍。
强迫型人格障碍	追求完美和井井有条；想控制一切。
强迫障碍	一种病症，患者被迫重复某些动作（如洗手、控制电灯开关、清理和计数）。
人格障碍	长期的病态人格或性格特征。
社会恐惧症	过分害怕别人否定的评价和成为人们注意的中心。
失去自我感触	感到"自己不再是自己"，恐惧病和人格障碍的症状。
食欲过盛	"胃口很好，老吃不饱"，饮食障碍，患者暴饮暴食，过后上吐下泻。
受虐待狂（色情）	在疼痛时感受到性兴奋。

手舞足蹈	边缘型障碍患者无意识地做出没用、混乱或危险的动作，常为了引起注意。
退化	精神病分析的概念：大脑无意识地回想童年，这使某些成年人的行为像儿童一样。
妄想型的人格障碍	多疑，对人不信任，把其他人的行为看作恶意的。
戊巴比妥钠	催眠、麻醉用药。
性虐待狂	通过折磨他人获得性兴奋。
虚幻的感觉	觉得周围的事物都不真实，恐惧病和人格障碍的症状。
厌食症	消瘦病，患者企图用损害健康的方式（挨饿、呕吐、泻肚、竞技运动等）减轻体重。
摇头丸	在聚会上吸食的迷幻药，服用后产生精神快感，令人亢奋，能提高性兴奋。
异性服装癖	喜欢穿着异性的服装。
装腔作势的人格障碍	喜欢引人注目，过分情绪化，自我主义。
追踪者	由于爱情被拒绝而追踪对方。
自恋狂	喜欢受到赞赏，过高估计自己。

致　谢

　　罗沃尔特出版社的编辑雷吉娜·卡斯滕森（Regina Carstensen）、乌韦·瑙曼（Uwe Naumann），还有基尔斯滕·恩格尔（Kirsten Engel）、米里亚娜·鲁莱德（Mirjana Ruhleder）和尤利雅·绍克（Julia Sauk）审阅了我的书稿，我对此表示感谢。

博尔温·班德洛
2005 年 12 月于德国

隐　疾

参考文献

1   Moser, M., und Crawford, B.: Rock Stars Do Dumbest Things. Los Angeles, Renaissance Books 1998

2   Kinski, K.: Ich brauche Liebe. 17. Auflage. München, Heyne 2004

3   Wend, G.: Kinski. Werk der Leidenschaft. Meitingen, Corian–Ver–lag 1999

4   Kinski, K.: NDR–Talkshow, 18.Oktober 1985, NDR 3

5   Black, D.W., und Larson, L.: Bad Boys, Bad Men.Confronting Antisocial Personality Disorder. New York, Oxford University Press 1999

6   APA: American Psychiatric Association. Diagnostic and Statistical Manual of Mental Disorders. Fourth Edition. Washington, D.C., American Psychiatric Press 1994

7   Möller, H.J., Laux, G., und Deister, A.: Psychiatrie und Psychotherapie. Duale Reihe. 2. Auflage. Stuttgart, Thieme, S. 293 , 2001

8   Rieber, R.W.: Hypnosis, false memory and multiple personality: a trinity of affinity. History of Psychiatry 10, S. 3–11, 1999

9   Reuter News Wire: August 17, 9: 13 p.m., 1998: Tapes raise fresh doubts on 《Sybil》 case in U.S., 1998

10 Bandelow, B., et al.: Early traumatic life events, parental attitudes, family history, and birth risk factors in patients with borderline personality disorder and healthy controls. Psychiatry Research 134, S. 169–179 , 2005

11 Paris, J.: Kindheitstrauma und Borderline–Persönlichkeitsstörung. In: Kernberg, O., Dulz, B., und Sachsse, U. (Hg.) : Handbuch der Bor– derline–Störungen.Stuttgart, Schattauer, S. 159–166 , 2000

12 Browne, A. und Finkelhor, D.: Impact of child sexual abuse: a review of the research. Psychology Bulletin 99, S. 66–77, 1986

13 Loftus, E.F.: Falsche Erinnerungen.Spektrum der Wissenschaft, Januar, S. 62–67, 1998

14   Williams, L. M.: Recovered memories of abuse in women with documented child sexual victimization histories. Journal of Trauma and Stress 8, S. 649 –673, 1995

15   Loftus, E., Joslyn, S., und Polage, D.: Repression: a mistaken impression? Development and Psychopathology 10, S. 781–792, 1998

16   Paris, J.: Memories of abuse in borderline patients: true or false? Harvard Review of Psychiatry 3, S. 10–17, 1995

17   Zanarini, M. C., et al.: DSM–III disorders in the families of borderline outpatients. Journal of Personality Disorders 2, S.292–302, 1988

18   Torgersen, S., et al.: A twin study of personality disorders. Comprehensive Psychiatry 41, S. 416–425 , 2000

19   Kernberg, O. F.: Die übertragungsfokussierte (oder psychodynamische) Psychotherapie von Patienten mit einer Borderline–Persönlichkeitsstörung. In: Kernberg, O. F., Dulz, B., und Sachsse, U. (Hg.) : Handbuch der Boderline–Störungen.Stuttgart, Schattauer, S. 461–482, 2000

20   Gurvits, T.V., et al.: Magnetic resonance imaging study of hippocampal volume in chronic, combat–related posttraumatic stress disorder. Biological Psychiatry 40, S. 1091–1099, 1996

21   Bremner, J. D., et al.: Magnetic resonance imaging–based measurement of hippocampal volume in posttraumatic stress disorder related to childhood physical and sexual abuse: a preliminary report. Biological Psychiatry 41, S. 23–32, 1997

22   Driessen, M., et al.: Magnetic resonance imaging volumes of the hippocampus and the amygdala in women with borderline personality disorder and early traumatization. Archives of General Psychiatry 57, S. 1115–1122, 2000

23   Gilbertson, M.W., et al.: Smaller hippocampal volume predicts pathologic vulnerability to psychological trauma. Nat Neurosci 5, S. 1242–1247, 2002

24   Koenigsberg, H. W., und Siever, L. J.: Die Neurobiologie der Borderline–Persönlichkeitsstörung.In: Kernberg, O. F., Dulz, B., und Sachsse, U. (Hg.) : Handbuch der Borderline–Störungen. Stuttgart, Schattauer, S. 207 –216, 2000

25   Stern, A.: Psychoanalytic investigation of therapy in the borderline group of neuroses. Psychoanal.Q.7, S.467–489, 1938

26   Shalev, A.Y., Bonne, O., und Eth, S.: Treatment of posttraumatic stress disorder: a review.Psychosomatic Medicine 58, S. 165–182, 1996

27   Linehan, M.M., et al.: Cognitive–behavioral treatment of chronically parasuicidal borderline patients. Archives of General Psychiatry 48, S. 1060–1064, 1991

28   Linehan, M. M., Heard, H. L., und Armstrong, H. E.: Naturalistic follow–up of a behavioral treatment for chronically parasuicidal borderline patients. Archives of General Psychiatry 50, S. 971–974, 1993

29   Linehan, M. M., et al.: Interpersonal outcome of cognitive behavioral treatment for chronically suicidal borderline patients. American Journal of Psychiatry 151, S. 1771 –1776, 1994

30   Androlunis, P. A., Gluech, B. C., und Stroebel, C. F.: Borderline personality disorder subcategories. Journal of Nervous and Mental Diseases 170, S. 670–679, 1982

31   Wedekind, D., Bandelow, B., und Rüther, E.: Pharmakotherapie bei Persönlichkeitsstörungen. Fortschritte der Neurologie und Psychiatrie 73, S. 259–267, 2005

32   Bandelow, B.: Das Angstbuch. 3. Aufl. Reinbek, Rowohlt 2004

33   Cahill, S. P., Carrigan, M. H., und Frueh, B. C.: Does EMDR work? And if so, why? A critical review of controlled outcome and dismantling research. Journal of Anxiety Disorders 13, S. 5–33, 1999

34   Hennig, J., Laschefski, U., und Opper, C.: Biopsychological changes after bungee jumping: beta–endorphin immunoreactivity as a mediator of euphoria? Neuropsychobiology 29, S. 28–32, 1994

35   Odent, M.: The Scientification of Love. London, Free Association Books Limited 1999

36   Weeks, D. J., und James, J.: Secrets of the Superyoung. New York, Berkley Publishing Group 1999

37   Pert, C. B., und Snyder, S. H.: Opiate receptor: demonstration in nervous tissue. Science 179, S. 1011–1014, 1973

38   Simon, E.J.: In search of the opiate receptor. American Journal of Medical Science 266, S. 160–168, 1973

39   Hughes, J., et al.: Identification of two related pentapeptides from the brain with potent opiate agonist activity. Nature 258, S. 577–580, 1975

40   Zubieta, J. K., et al.: Regional mu opioid receptor regulation of sensory and affective dimensions of pain. Science 293, S. 311 –315, 2001

41   Havemann–Reinecke, U.: Die Bedeutung zentraler dopaminerger Neurone für die Entwicklung von Abhängigkeit am Beispiel der Opioide. Habilitati– onsschrift. Med. Fakultät Göttingen 1998

42   Olds, J., und Milner, P.: Positive reinforcement produced by electrical stimulation of septal area and other regions of rat brain. Journal of Comparative and Physiological Psychology 47, S. 419–427, 1954

43   Fisher, H. E., et al.: Defining the brain systems of lust, romantic attraction, and attachment. Archives of Sexual Behaviour 31, S. 413–419 , 2002

44   Holstege, G., et al.: Brain activation during human male ejaculation. Journal of Neuroscience 23, S. 9185–9193, 2003

45   Volkow, N. D., et al.: Cocaine addiction: hypothesis derived from imaging studies with PET. Journal of Addiction Disorders 15, S. 55–71, 1996

46   Klüver, H., und Bucy, P. C.: Journal of Psychology 5, S. 33–54, 1938

47   Volkow, N. D., et al.: Low level of brain dopamine D2 receptors in meth–amphetamine abusers: association with metabolism in the orbitofrontal cortex. American Journal of Psychiatry 158, S. 2015–2021, 2001

48 Volkow, N. D., et al.: Role of dopamine, the frontal cortex and memory circuits in drug addiction: insight from imaging studies. Neurobiology of Learning and Memory 78, S. 610–624, 2002

49 Wang, G. J., et al.: Brain dopamine and obesity. Lancet 357, S. 354–357, 2001

50 Blum, K., et al.: The D2 dopamine receptor gene as a determinant of reward deficiency syndrome. J R Soc Med 89, S. 396–400, 1996

51 Andreasen, N. C.: Creativity and mental illness: prevalence rates in writers and their first–degree relatives. American Journal of Psychiatry 144, S. 1288–1292, 1987

52 Aristoteles: Metaphysik.Reinbek, Rowohlt 1994

53 Schou, M.: Artistic productivity and lithium prophylaxis in manic–depressive illness. British Journal of Psychiatry 135, S. 97–103, 1979

54 Jamison, K.: Touched with Fire. Manic–Depressive Illness and the Artistic Temperament. New York, Free Press 1994

55 Post, F.: Verbal creativity, depression and alcoholism. An investigation of one hundred American and British writers. British Journal of Psychiatry 168, S. 545–555, 1996

56 Ludwig, A. M.: Creative achievement and psychopathology: comparison among professions. American Journal of Psychotherapy 46, S. 330–356, 1992

57 Interview mit T. C. Boyle, Tagesspiegel, 6. März 2005.2005

58 Posener, A., und Posener, M.: Elvis Presley. Reinbek, Rowohlt 1993

59 Perrett, D. I., May, K. A., und Yoshikawa, S.: Facial shape and judgements of female attractiveness. Nature 368, S. 239–242, 1994

60 Scott, P.: Robbie Williams.Angels & Demons. Eine inoffizielle Biographie. Schlüchtern, Rockbuch–Verlag 2003

61 Williams, R., und Heath, C.: Feel.Reinbek, Rowohlt 2004

62 Perel, D., und Ely, S.: Freak! Inside the Twisted World of Michael Jackson. New York, Harper Entertaintment 2005

63 Jones, B., und Brown, S.: Michael Jackson–The Man Behind The Mask. New York, Select Books 2005

64 Jackson, L.: Mein Leben mit dem Jackson–Clan. München, Knaur 1991

65 Harris, E. C., und Barraclough, B.: Suicide as an outcome for mental disorders. British Journal of Psychiatry 170, S. 205–228, 1997

66 Drechsler, C., und Hellmann, H.: Kurt Cobain–Tagebücher. Frankfurt am Main, Fischer 2005

67 Cross, C. R.: Der Himmel über Nirvana–Kurt Cobains Leben und Sterben. Höfen, Hannibal 2002

68 Wolfe, D. H.: The Last Days of Marilyn Monroe. New York, William Morrow & Company, Inc. 1998

69 Geiger, R.–E.: Marilyn Monroe. Reinbek, Rowohlt 1995

70 Spoto, D.: Marilyn Monroe. Die Biographie. München, Heyne 1993

71 Simmons, S.: Diana. The Last Word. London, St. Martin's Press 2005

隐 疾

72 Sponsel, R.: Psychographie Ludwigs II. aus allgemein–integrativer und heutiger Sicht. Abteilung Medizinische Psychosomatik, Psychopathologie und Psychiatrie. IP–GIPT. Erlangen: www. sgipt. org/medppp/zwang/ ludwig2/psychogr.htm.

73 Holzschuh, R.: Das verlorene Paradies Ludwigs II. Die persönliche Tragödie des Märchenkönigs.Frankfurt/M., Eichborn 2001

74 Heißerer, D.: Ludwig II. Reinbek, Rowohlt 2003

75 Von Gudden, B., et al.: Gutachten über König Ludwig II.Bayerisches Hauptstaatsarchiv, Kammer der Reichsräte, Signatur 2095.1886

76 Hacker, R.; Ludwig II. von Bayern in Augenzeugenberichten.München, dtv 1972

77 Wöbking, W.: Der Tad König Ludwigs II. von Bayern. Eine Dokumentation. Rosenheim, Rosenheimer Verlagshaus 1986

78 www.crimelibrary.com